LE DÉVERSOIR
DES LARMES

ANDRÉ RICARD

LE DÉVERSOIR
DES LARMES

THÉÂTRE

guérin
littérature

Maquette de la couverture:
Jacques Benoit

Dépôt légal: 3e trimestre 1988
ISBN 2-7601-2200-X

Bibliothèque nationale du Québec
Bibliothèque nationale du Canada
IMPRIMÉ AU CANADA

PERSONNAGES

Réjane
Gabrielle
L'homme

Le Déversoir des larmes a été créé le 7 septembre 1988 au théâtre du Café de la Place, sous la direction artistique d'Henri Barras, dans une mise en scène de Jean-Louis Roux. C'était une production de la Société de la Place des Arts de Montréal.

Distribution (par ordre d'entrée en scène)

Réjane : Julie Vincent

Gabrielle : Carole Chatel

L'homme : Dominique Briand

Scénographie : Guy Neveu

Éclairages : Michel Beaulieu

Trame sonore : Richard Soly

Régie et technique : Sylvain Tremblay

Assistant à la production : Claude Paré

Le lieu scénique est sans rapport obligé avec ceux qu'évoquent les situations. Ce sera un environnement ou bien dépouillé, ou bien baroque, auquel s'intégreront les autres éléments de la scénographie.

Les personnages, pour les actions contemporaines, auront un costume présentant une mesure de disparité égale à celle du dispositif. Si, par exemple, le décor s'inspire de l'architecture italienne de la Renaissance, les costumes pourraient s'apparenter aux habits que revêtent les officiels d'aujourd'hui pour une entrevue avec le pape. Autrement, hommes et femmes seront en tenue de soirée actuelle, mais théâtralisée dans la mesure du possible.

Le jeu marquera la même distance que la scénographie. Il trouvera sa vraisemblance en composant avec le réalisme.

Quand on donne de la lumière, Réjane et Gabrielle sont assises sur un banc à l'avant-scène.

PREMIÈRE PARTIE

RÉJANE. — Avez-vous senti comme il fait bon? Nous revoici au printemps. Vous savez que je n'y croyais plus. Je me vois, tiens, à ma fenêtre, la nuit, contemplant la tempête. Des tourbillons qui filent des amas de neige pour se jeter contre les arbres... Les branches nues qui frémissent... J'avais beau évoquer l'odeur des tilleuls, la promenade à couvert, l'été... je n'arrivais pas à me les figurer. Le passage d'un état dans l'autre paraissait impossible, tellement il y avait d'opposition... Et puis, subitement, la pelouse est verte. M. Beaudry commence même à la tondre! Avez-vous entendu? Le ronron du moteur, pendant que nous étions à la chapelle, pendant le déjeuner... Eh oui! les feuilles chuchotent, de cet admirable chuintement qu'elles font – et nous, nous avons oublié l'hiver. Mais oublié, hein! Voyez soeur Éliane Cloutier et soeur Lisette Montreuil, là-bas, qui frappent le volant avec leurs raquettes. Les imaginez-vous, au soir qui tombe, pliées en deux dans l'allée pour regagner le couvent en quittant l'autobus? Vous ne m'écoutez pas, je crois...

GABRIELLE. — *(Distraite.)* Autobus. Oui, oui.

RÉJANE. — Je vous ennuie?... *(Gabrielle soupire.)* Vous préférez méditer seule?

GABRIELLE. — *(L'esprit ailleurs.)* Mais non. Qui parle de ça?

RÉJANE. — Ce matin, je me suis éveillée avant l'aube. Les rouges-gorges faisaient leur trille dans le brouillard... Je suis restée des heures à regarder le plafond. Lorsque la cloche a sonné, je me suis dit: «Comme j'ai vécu intensément dans la nature!» – Votre distraction tiendrait-elle aussi à cela? Vous êtes – contemplant le jour qui baisse – présente au Créateur, et non pas sous son aspect le moins charmant.

GABRIELLE. — *(Soupire.)* Votre ramage...

RÉJANE. — Tenez, je vous laisse. C'est l'heure.

GABRIELLE. — Déjà?

RÉJANE. — Et le soleil n'est même pas couché!...

GABRIELLE. — *(Paraît sortir de sa songerie.)* N'est-ce pas merveilleux?

RÉJANE. — *(S'étirant.)* Jamais je n'arriverai à dormir.

GABRIELLE. — Vous êtes réveillée depuis l'aube...

RÉJANE. — Au mois de mai, personne ne dort.

GABRIELLE. — *(Aiguë.)* Qu'est-ce que vous en savez?

RÉJANE. — Oui... Je ferais mieux de parler pour moi.

(*Silence. Réjane prend sa pile de cahiers d'exercices, son lainage, s'apprête à partir.*)

GABRIELLE. — (*La saisit brusquement par le bras*) Qu'est-ce que c'est... Là-bas, au fond du parc?

RÉJANE. — M. Beaudry. Il butte ses tulipes.

GABRIELLE. — Non! plus loin. Derrière la rangée de peupliers.

RÉJANE. — Oh!... c'est un couple enlacé qui remonte vers la rue.

GABRIELLE. — Tout de même inouï! C'est une propriété ici qui n'est pas du domaine public!... J'ai voulu, ce matin, gagner la chapelle en contournant l'aile du cloître. Savez-vous sur quoi je suis tombée nez à nez?

RÉJANE. — Non?

GABRIELLE. — Un coureur.

RÉJANE. — Ah!

GABRIELLE. — Mais oui. (*Réjane demeure indifférente.*) En short, en maillot. Dans notre jardin.

RÉJANE. — Mon Dieu! Qui cela dérange-t-il?

GABRIELLE. — Moi.

RÉJANE. — Vous?

GABRIELLE. — Moi, certainement.

RÉJANE. — Il préfère courir sous les arbres que parmi les voitures. Et je le comprends.

GABRIELLE. — *(Piquée.)* Vous le comprenez, c'est très bien.

RÉJANE. — Mais quoi...

GABRIELLE. — Vos airs ébahis!...

RÉJANE. — Eh! Qui s'étonne de découvrir des amants enlacés? Pas moi. Il y a là une lune toute ronde. Qui monte avant même que le soleil disparaisse. N'est-ce pas une curiosité?

GABRIELLE. — Vos discours incongrus... Le passage de l'un dans l'autre vous est familier comme à tout le monde, vous *êtes* la nature. Et pas rien que dans vos débordements de godiche.

(Un temps.)

RÉJANE. — À côté de vous, je l'admets, j'ai tendance à forcer la note.

GABRIELLE. — Oui, vous agacez. Vous cherchez une réaction.

RÉJANE. — Nous avons reçu une lettre de Claire, ce matin.

GABRIELLE. — Ah!

RÉJANE. — Oui... – La lettre était adressée à Aline Sirois mais elle commençait: «Chères vous toutes». Et puis elle était signée Claire Labrie.

GABRIELLE. — Nous y voilà donc.

RÉJANE. — Ça ne vous fait pas plaisir?... *(Gabrielle a un haussement d'épaules agacé.)* Claire raconte qu'elle quitte le triplex qu'elle sous-louait: elle a enfin déniché l'appartement qu'elle convoitait...

GABRIELLE. — Convoitait?

RÉJANE. — C'est le mot qu'elle emploie.

GABRIELLE. — Changera jamais, celle-là.

RÉJANE. — Mais c'est qu'elle habite à présent sur la Grande Allée! Paraîtrait que c'est très, très beau.

GABRIELLE. — Paraîtrait. Qui dit ça?

RÉJANE. — On a lu la lettre à voix haute dans la salle de télévision. Les autres ont été unanimes: les pièces de séjour donnent sur le fleuve, la cuisine...

GABRIELLE. — Bon. Pas besoin de tartiner. – Qu'est-ce qu'elle caquette, alors, depuis son perchoir? – Au fait, on ne dit pas «habiter sur». On dit habiter tout court.

RÉJANE. — Comment?

GABRIELLE. — Vous enseignez le français, non?

RÉJANE. — Eh bien?

GABRIELLE. — Il est incorrect de dire que Claire Labrie habite sur la Grande Allée. Elle habite Grande Allée. Point.

RÉJANE. — Vous êtes sûre?

GABRIELLE. — Pouvez toujours vérifier. Au lieu de rêver, là, les yeux au plafond, potassez un peu votre grammaire.

RÉJANE. — Je vais me le tenir pour dit, je vous assure.

GABRIELLE. — On croirait que je vous ai écorchée vive.

RÉJANE. — Je continue. Claire Labrie compte ne prendre que quinze crédits ce trimestre. Elle a trop à faire à décorer et de voir aux mille détails de son retour dans le monde.

GABRIELLE. — Pareilles sottises! Prendre la peine d'en faire une lettre.

RÉJANE. — Mais enfin...

GABRIELLE. — Le ton, en plus... Triomphant.

RÉJANE. — Oh! le ton, c'est peut-être moi.

GABRIELLE. — *(Pensive.)* Faut-il être pauvre pour avoir la langue qui pend devant si peu!

RÉJANE. — Écoutez, elle passe deux jours par semaine à regarder les meubles, à choisir des papiers peints, à s'habiller!... Elle découvre la vie!

GABRIELLE. — Si ça lui prenait que ça, elle a eu tort de remettre aussi longtemps.

RÉJANE. — Nous sommes un peu jalouses, je crois.

GABRIELLE. — De ses divans, des ses ensembles-pantalons?...

RÉJANE. — Quel mal y voyez-vous? Elle n'est plus religieuse!

GABRIELLE. — Pas une raison pour nous refiler sa liste d'épicerie.

RÉJANE. — *(Rêveuse.)* Au moment où elles sortent, elles sont un peu perdues. Elles ont quitté la maison, mais pas tout à fait rompu les liens. Tenez, rappelez-vous Anne Saint-Hilaire.

GABRIELLE. — Eh bien! Mais vous serez la dernière à persister, de votre génération?... Anne Saint-Hilaire!

RÉJANE. — Mais oui. Elle aussi a été admise du temps où vous étiez régente.

GABRIELLE. — Elle est dans le typique, celle-là, si on en croit vos brodages.

RÉJANE. — Vous l'avez revue?

GABRIELLE. — Pas moi, non. Mais Johanne Boucher l'a rencontrée.

RÉJANE. — Ah! soeur Johanne vous a dit?

GABRIELLE. — Pas exactement. Soeur Johanne l'a dit à soeur Agnès Lavoie qui l'a confié à soeur Marguerite Giroux qui l'a redit à soeur Chantal Neault laquelle à son tour en a fait part à soeur Simone Tousignant qui, elle, me l'a répété. Comme au couvent, quoi!

RÉJANE. — Quand même, hein, j'ai trouvé ça triste d'apprendre ce qui lui était arrivé, à Anne Saint-Hilaire.

GABRIELLE. — Triste?

RÉJANE. — Semblerait qu'elle soit méconnaissable.

GABRIELLE. — Elle s'est fait raboter la mâchoire! S'il fallait qu'on la reconnaisse...

RÉJANE. — Soeur Gabrielle!

GABRIELLE. — Appelez-moi donc Gabrielle, voulez-vous? Ces «soeur Untel», «soeur Machin»... ça me donne le cafard.

RÉJANE. — Devant les enfants...

GABRIELLE. — Sont partis, là, les enfants. Laissez-moi respirer.

(Un temps.)

RÉJANE. — *(Que ça démange.)* Oui... on parlait de soeur Saint-Hilaire...

GABRIELLE. — Ben elle l'est plus, elle, soeur. Pouvez toujours l'exempter.

RÉJANE. — Savez-vous quoi? Paraîtrait qu'elle se promène dans des robes toutes... dépoitraillées, qu'elle arrive à son enseignement sur des talons hauts comme ça, qu'elle...

GABRIELLE. — C'est ce que je dis. Caractéristique. La soeur qui sort du couvent, elle met au moins deux ans avant que ça se passe.

RÉJANE. — Que ça se passe?

GABRIELLE. — Avant de décompresser, avant de redescendre des nuages.

RÉJANE. — Comment donc?

GABRIELLE. — *(La regarde, étonnée. Un temps.)* Comment donc?

RÉJANE. — Oui, comment ça?

GABRIELLE. — *(Les bras lui en tombent.)* Ah ben vous!... C'est pas de sortir qui vous ferait grimper sur les nuages. Vous l'êtes déjà.

RÉJANE. — Mais c'est ridicule, non? Se présenter à sa classe le matin en organdi?

GABRIELLE. — Ridicule... Vous êtes-vous re-gardée? Comment pensez-vous qu'on se présente, nous, devant nos élèves? Tenez, levez-vous... Allez! *(Réjane se lève.)* Eh bien? Que dites-vous de notre tenue?

RÉJANE. — C'est sobre; c'est...

GABRIELLE. — Continuez.

RÉJANE. — ... Pratique.

GABRIELLE. — Le bandeau qui vous tire la racine des cheveux et auquel pend ce bout de voile... Pratique!

RÉJANE. — La robe est mi-longue. Elle n'entrave pas la marche comme autrefois.

GABRIELLE. — Mais vous avez appris le prospectus du fabricant! Parlez-nous de l'honnête chaussure où plonge notre cheville de soeur.

RÉJANE. — Cheville de soeur?

GABRIELLE. — Les plis dans la jupe, sur la poitrine, tout le polyester de notre «sobriété», lorsqu'enfin l'une des misérables que nous sommes parvient à s'en échapper, vous n'imaginez pas que ça lui prenne deux ans avant d'en revenir? Ridicule si vous voulez, je vous assure que je le serais moi aussi, «soeur» Réjane. Il n'y aurait pas de talons assez hauts pour moi, il n'y aurait pas de dessous osés que je me refuserais. À moi, allez savoir si c'est pas trois ans au lieu de deux que ça prendrait avant de retrouver la juste mesure. Ah! les talons, pour galber la jambe, pour faire saillir les reins; les décolletés pour savoir qu'il vous reste encore des seins!

RÉJANE. — *(Geignant.)* Je vous en prie, Gabrielle.

GABRIELLE. — Ça vous choque, ce que je dis?

RÉJANE. — C'est d'un goût!...

GABRIELLE. — Cela visait votre charité. Qu'elle s'exerce envers vos compagnes qui font la classe en talons hauts.

RÉJANE. — Il faut que je vous avoue quelque chose.

GABRIELLE. — Quoi donc?

RÉJANE. — Elle m'a téléphoné.

GABRIELLE. — Qui ça?

RÉJANE. — Soeur Claire... Enfin Claire. Claire Labrie.

GABRIELLE. — Du haut de ses talons, et de sa vue imprenable?

RÉJANE. — Oui. Elle m'a dit... *(Elle hésite.)*

GABRIELLE. — Je me trompe ou vous êtes entrées la même année, elle et vous?

RÉJANE. — La même semaine. Après Anne, qui finissait son noviciat, on a été les dernières pour cinq ans.

GABRIELLE. — La fonction de régente s'en est trouvée abolie! – Que voulait donc Claire Labrie?

RÉJANE. — Elle m'a dit qu'au moment où elle me parlait...

GABRIELLE. — *(Après un temps.)* C'est si difficile à répéter?

RÉJANE. — Qu'au moment même où elle s'entretenait avec moi au téléphone...

GABRIELLE. — Eh ben...?

RÉJANE. — Qu'elle était toute nue sur son tapis!

GABRIELLE. — Tiens. Si elle n'avait pas reçu ses meubles...

RÉJANE. — Vous ne trouvez pas cela inconvenant?

GABRIELLE. — Non. Rien que drôle – qu'elle vous le raconte.

RÉJANE. — Tout de même! Quel besoin avait-elle de me dire ça?

GABRIELLE. — Je croyais qu'elle allait vous haleter à l'oreille qu'on lui faisait des choses pendant qu'elle réunisssait ses forces pour articuler. Cela aurait été piquant!

RÉJANE. — Vous voulez me scandaliser, hein? *(Elle fait mine de partir.)*

GABRIELLE. — Mon Dieu! Une jeune religieuse ne s'offusque pas pour des vétilles, comme de mon temps. Vous voyez, moi, j'ai été choquée à la vue d'un homme qui courait dans nos allées... Ce n'est pas vous qu'une pareille rencontre troublerait.

RÉJANE. — *(Fâchée.)* Bon. Vous me charriez encore.

GABRIELLE. — Épargnez-moi! Quel langage.

RÉJANE. — Vous connaissez la vie, vous...

GABRIELLE. — Faut vous renseigner, à la fin. Apprendre ce que vous manquez.

RÉJANE. — On a beau lire...

GABRIELLE. — Ah! toute la différence entre le savoir et la connaissance. Le savoir se transmet; la connaissance s'acquiert. Sur le tas!

RÉJANE. — *(Renonce à se scandaliser.)* Des éducatrices, je pensais que l'enseignement les gardait en contact... Et puis, si distance il y a d'avec le monde, elle devrait être en notre faveur.

GABRIELLE. — Ma chère, au regard des laïcs, nous sommes des toquées, ni plus ni moins.

RÉJANE. — C'est la faute au matérialisme de l'époque, qui rend aveugle.

GABRIELLE. — Croyez?

RÉJANE. — (*Après avoir ri au souvenir.*) Dans un séminaire sur le roman, une fois, à l'université, je me suis entendue condamner, en rougissant jusqu'aux oreilles, l'héroïne qui avait un mari affectueux et qui prenait des amants... Mes camarades, après, ne m'ont plus lâchée. – L'obtention de la licence a été un martyre.

GABRIELLE. — Pensez à moi, qui ai dû me qualifier aux Beaux-Arts.

RÉJANE. — Vous venez d'un autre milieu! Vous êtes la fille d'un sculpteur!

GABRIELLE. — Oui. Mais ça ne suffisait pas à m'équivaloir le baccalauréat dont j'avais besoin pour me recycler, suite à la panne de novices.

RÉJANE. — Dans les communautés d'hommes, on dit que plusieurs sont entrés rien que pour faire des diplômes.

GABRIELLE. — Quand vous sortirez, c'est ce qu'on dira de vous.

RÉJANE. — C'était les fils et les filles de familles nombreuses que la soutane tentait pour ça. (*Elle soupire.*) Des fois, je pense que si j'étais née dans une ferme, comme Jocelyne Fiset... Et puis vous! Quelle jeunesse vous avez dû avoir! Milieu ouvert, liberté sans entraves... Vous avez même séjourné à l'étranger par moments!

GABRIELLE. — La vie de bohème, savez-vous, je l'ai goûtée assez pour en avoir jusque là. J'avais cinq ans lorsque ma mère a quitté mon Turbide de père. J'ai vécu tantôt chez l'un, tantôt chez l'autre. Chaque fois avec un père ou une mère différents.

RÉJANE. — Différents?

GABRIELLE. — Ben, si je revenais chez Turbide, c'était pour trouver une nouvelle sirène près de lui. Quand il en avait assez des obligations – je n'étais que cela à ses yeux – il me réexpédiait chez ma mère, auprès de qui se renouvelaient les pères putatifs.

RÉJANE. — Mon Dieu!

GABRIELLE. — Quand on dit vivre comme des porcs, eh bien, c'était leur cas. Égoïstes, jouisseurs. Sales!...

RÉJANE. — Sales?

GABRIELLE. — Mon père, oui. Ma mère était goinfre... à sa façon, vampirique; mais elle ne puait que le parfum et le sloe gin.

RÉJANE. — Elle était attirante?

GABRIELLE. — Un genre. Beau temps, mauvais temps, elle allait ficelée dans une combinaison de mécanicien. Elle était photographe, l'image importait par-dessus tout. – Une adolescente qui se rebelle contre des parents comme ceux-là, qu'est-ce qu'elle fait?... Hein? Si elle veut vraiment les faire suer?

RÉJANE. — (Risquant.) Elle devient pieuse. (Gabrielle opine affirmativement.) Elle parle de se faire soeur.

GABRIELLE. — Précisément. Dans vos livres de psychologie, ça s'appelle forcer l'attention négative. *(Temps bref; avec mélancolie.)* Mon jeu les a à tel point écoeurés que j'ai fini par n'avoir plus d'autre choix que d'y donner suite!

RÉJANE. — On n'entre pas au couvent pour ça!

GABRIELLE. — Merci Dieu, non! J'étais à la recherche de la «nada».

RÉJANE. — Comment?

GABRIELLE. — Le vide, le néant. J'avais eu connaissance de Thérèse d'Avila. Je ne me prenais pas pour n'importe qui!

RÉJANE. — La nada...

GABRIELLE. — Notez qu'on entre au couvent pour bien moins. Si je vous disais...

RÉJANE. — Quoi?

GABRIELLE. — Inutile. Vous le savez mieux que moi: la moitié de celles qui sont entrées ici l'ont fait par dérobade.

RÉJANE. — Le rabâchage des laïcs, ça.

GABRIELLE. — Bon. La moitié de celles qui sont restées. Soyons généreuses.

RÉJANE. — Et vous?

GABRIELLE. — Est-on laide à vingt ans? Enfin, je le croyais. Ça revient au même.

RÉJANE. — Au moins, à l'admission, vous n'étiez pas aussi jeune que moi!

GABRIELLE. — Vous voyez un âge idéal pour s'enterrer vivante? Vous aviez quoi?

RÉJANE. — Pas tout à fait dix-huit.

GABRIELLE. — Et innocente, en plus.

RÉJANE. — C'est ridicule, hein?

GABRIELLE. — Je ne suis par encore parvenue à m'expliquer ce que d'oblitérer nos existences pouvait avoir d'agréable à Dieu.

RÉJANE. — C'est drôle, je me faisais la même réflexion il n'y a pas trois jours.

GABRIELLE. — (*Avec un rire amer.*) Nous ne devons pas êtres les seules!

RÉJANE. — Au congrès des enseignants, vous savez...

GABRIELLE. — Oui...

RÉJANE. — Je m'en revenais, après la séance de clôture... Il y avait à la bouche de métro toute une affluence de juifs hassidiques... Même les enfants portaient des pardessus noirs, la nuque rasée, avec des feutres et des couettes tordues... Ils m'ont fait penser à nous autres. En pire, dois-je dire.

GABRIELLE. — Pas évident... – Regardez là-bas.

RÉJANE. — Où?...

GABRIELLE. — (*Se levant.*) C'est lui qui revient.

RÉJANE. — Le coureur? Comment le reconnaîtriez-vous? Le soir tombe.

GABRIELLE. — C'est lui, j'en suis sûre. – Ne restons pas ici.

RÉJANE. — Il ne se dirige même pas sur nous...

GABRIELLE. — C'est moi qui me jetterai sur lui, vous dis-je, si vous ne me retenez pas!

RÉJANE. — (*Debout, après un moment de stupéfaction.*) Partons.

(Elles sortent. Changement d'éclairage. Musique.

Le décor s'ouvre comme Réjane entre à la suite de Gabrielle dans la chambre de celle-ci.)

RÉJANE. — En voilà bien des extravagances! Suis-je bête de donner là-dedans tête baissée.

GABRIELLE. — Mettez-vous à la fenêtre et dites-moi si vous le voyez encore.

RÉJANE. — Oui! *(Elle paraît secouée.)* Et il regardait dans notre direction.

GABRIELLE. — Vous a-t-il aperçue?

RÉJANE. — Je le crois.

GABRIELLE. — Ne me laissez pas. Cette chambre est un enfer.

RÉJANE. — Vous avez des obsessions?

GABRIELLE. — *(Après un rire cynique.)* Restez, je vous les ferai voir.

RÉJANE. — Qu'avez-vous? Vous tremblez?

GABRIELLE. — J'ai si froid!...

RÉJANE. — Couvrez-vous.

GABRIELLE. — Faites plutôt signe au coureur. Je tremble, mais j'ai quelque chose entre les jambes qui me brûle.

(Un temps.)

RÉJANE. — Je vais finir par croire que vous êtes possédée.

(Elle fait un pas vers la porte.)

28

GABRIELLE. — Ne partez pas avant de vous en convaincre!

(Réjane demeure debout, comme figée près de la porte.)

RÉJANE. — Je reste.

GABRIELLE. — Cela vous instruira. Vous me remercierez, après.

RÉJANE. — Vous fumez donc toujours?

GABRIELLE. — Prenez-en une.

RÉJANE. — *(Refusant.)* Perdu l'habitude.

GABRIELLE. — Ouvrez la fenêtre.

RÉJANE. — Et s'il est encore là?

GABRIELLE. — Il n'y est plus.

RÉJANE. — Comment le savez-vous?

GABRIELLE. — *(S'étendant sur le lit.)* Il ne court pas sur place!

RÉJANE. — *(Ayant poussé la fenêtre.)* Il a disparu.

(Gabrielle lui tend sa cigarette. Réjane fume avec gourmandise. S'assoit sur le pied du lit.)

GABRIELLE. — Et vous? Quelle sorte d'enfance avez-vous eue?

RÉJANE. — Je vous ai raconté. Plate.

GABRIELLE. — On dit ça...

RÉJANE. — C'est vrai.

GABRIELLE. — Comment vous êtes-vous découverte? Allons, je veux tout savoir.

RÉJANE. — Eh! bien... dans l'auto de mon père. J'aimais m'y enfermer les soirs d'été. Il faisait chaud... Ça sentait le tabac, l'essence, le vinyle... Cette fois-là, ma mère m'a appelée du haut du balcon... Une voix pleine d'anxiété et de reproche.

GABRIELLE. — Pauvre petite! Coupable pour si peu.

RÉJANE. — Du sang menstruel que j'avais sur les doigts... Je croyais à une marque infamante. (*Elle rit. Silence.*) Vous... vous avez connu... l'homme avant d'entrer au couvent?

GABRIELLE. — «Connu l'homme». S'il vous trotte par l'esprit de défroquer comme Claire, Anne et les autres, vous feriez mieux de vous défaire de ces expressions. D'ailleurs, vous auriez toujours l'air soeur, vous. Quelle que soit la profondeur de votre décolleté.

RÉJANE. — Vous cherchez à me blesser?

GABRIELLE. — Non. La même remarque s'applique à moi.

RÉJANE. — Je ne suis pas mal faite.

GABRIELLE. — Voyons cela.

RÉJANE. — (*Riant.*) Je savais que vous alliez faire cette réponse.

GABRIELLE. — Y en a-t-il une autre? Quand on vous invite? (*Réjane se détourne.*)

RÉJANE. — (*Se relevant.*) Puis-je allumer? Il commence à faire noir.

GABRIELLE. — (*Avec langueur.*) Je vous l'interdis. – Comme la vie est étroite!...

RÉJANE. — Qu'est-ce que vous dites?

GABRIELLE. — *In vitro*. Vous imaginez cela? Si nous n'étions que les souris de laboratoire d'une observation, d'une expérience *in vitro*. Il y a des philosophes qui ont jonglé avec cette hypothèse.

RÉJANE. — Des philosophes! Pour eux, nous ne sommes qu'un paquet de molécules! Au mieux, des microbes dans une éprouvette.

GABRIELLE. — Ce n'est pas la même chose! Vision humaniste, vision contre-humaniste...

RÉJANE. — En tout cas, le propos reste le même: nous enseigner que tout commence et finit ici-bas. À partir de quoi la vocation est, bien entendu, la farce du siècle.

GABRIELLE. — Vous n'en croyez rien.

RÉJANE. — D'abord, qui tiendrait l'éprouvette?

GABRIELLE. — Dans la Genèse, les géants... Vous vous rappelez? Qui désiraient les filles des hommes?... Ils étaient là avant nous.

RÉJANE. — Mais qu'est-ce qui vous retient? Quittez l'habit. Tant d'autres le font.

GABRIELLE. — Oui. Pour quoi faire?

RÉJANE. — Au moins, vous pourriez rallier ces petites unités que forment certaines de nos soeurs. Vivre à quatre ou cinq dans une maison particulière...

GABRIELLE. — Vous appelez ça vivre, vous...

RÉJANE. — *(Avec une certaine impatience.)* Faut s'ajuster. Finir par trouver ce qu'on cherche.

GABRIELLE. — Pas ce que je cherche.

RÉJANE. — À fuir de l'éprouvette, je suppose?

GABRIELLE. — Des fois, on trouve. Et puis ça se perd. L'unité, la cohérence, est une vue de l'esprit. Je suis éparse, comme vous.

RÉJANE. — Des bougies, vous en avez?

GABRIELLE. — Toutes les bonnes soeurs ont des bougies. – Là.

RÉJANE. — *(Ne trouvant pas à répondre, allume.)* Il me semble à moi que ma vie s'écoule tout uniment.

GABRIELLE. — Posez vos bougies près du lit. J'aurai l'air d'une morte... Et priez donc au corps, comme il convient. *(Psalmodiant.)* Méditation sur la chair et la cendre. Toute chair. La vôtre, blanche et rose. Toute chair flétrit et puis suintent ses liqueurs putrides. Figurez-vous que je suis morte!

RÉJANE. — C'est vrai, je suis belle quand je me penche au-dessus de la mort. *(Avec un rire amer.)* Belle en désespoir, dirait notre M. Beaudry.

GABRIELLE. — Voyons. Ne soyez pas modeste. Vous êtes belle, point. Mais la mort a ceci de bon qu'elle pique le goût de vivre.

RÉJANE. — Non. Moi, elle me révulse. Une aversion à laquelle je ne pourrai pas me soustraire. On peut tourner le dos à la vie, pas à la tombe.

GABRIELLE. — Encore mieux. Rien n'excite comme l'angoisse. Les singes, quand ils ont peur, on dit qu'ils se touchent.

RÉJANE. — Allons donc.

GABRIELLE. — Mais il s'agit de vous. Vous vous touchez des fois? Quand l'angoisse du trépas s'insinue? *(Silence.)* Figurez-vous! Le singe ne sait pas, lui, qu'il est condamné. La certitude de la mort, c'est le propre de l'homme. Quel abus de sexe aussi chez lui. Les bêtes nous montrent une bien juste contenance. Les bêtes, pas nous les soutanes, qui nous faisons gloire de nous abstenir. Une enseignante comme vous a lu La Rochefoucaud? «Le soleil ni la mort ne se peuvent regarder en face.» L'antidote de l'homme pour la peur, c'est Dieu. À moins que ce ne soit le coït. Mais Don Juan lui-même finit dans un monastère. *(Silence.)* Vous ne voulez rien dire, très bien. La chair vous jaunira avant que vous ayez su à quoi il vous servait d'être belle. Au moins vous ne direz pas que les fruits de l'amour, personne n'aura tendu les mains pour en faire vendange. Et ainsi vous me devrez cela, de n'avoir pas été niée jusqu'au bout. Car le mépris des dons offerts, c'est bien une forme de négation, non?

RÉJANE. — Peut-être. On ne fera jamais éclore tout ce qu'on porte en soi, de toute façon.

GABRIELLE. — Parce que vous êtes belle, j'accepte peut-être. – Vous ne vous exposez pas beaucoup.

RÉJANE. — J'ai peur.

GABRIELLE. — Vous êtes ici pour ça.

RÉJANE. — Qu'est-ce que vous voulez dire?

GABRIELLE. — Allez à la fenêtre. Le coureur. Il passe encore. Et prenez avec vous la bougie. Qu'il vous voie.

RÉJANE. — *(Elle se penche à la fenêtre et se retire aussitôt.)* C'est vrai. Il est là. *(Réjane pose la bougie sur l'appui de la fenêtre et recule.)* Comment saviez-vous?

GABRIELLE. — Je l'entends. Je le sens. – Faites-le monter.

RÉJANE. — Comment?

GABRIELLE. — Faites-lui signe. Avec la bougie.

> *(Elle fait le geste de hausser et de baisser la bougie. Réjane s'approche de la fenêtre, tend la main vers la bougie.)*

RÉJANE. — Je n'ose pas. Vous êtes convenus? Lui et vous?

GABRIELLE. — Essayez! Vous verrez bien. *(Soeur Réjane tend à nouveau la main.)* Mais qu'est-ce que vous attendez? Il s'éloigne.

RÉJANE. — Pas capable.

GABRIELLE. — En somme, il faut pas trop vous en demander. Pauvre petite chose, va! – C'est peut-être rien que ça que vous êtes, après tout.

RÉJANE. — Peut-être.

GABRIELLE. — Sortez. Laissez-moi. *(Un temps. Réjane ne bouge pas.)* Je vous ai demandé de sortir.

RÉJANE. — Permettez-moi de rester.

GABRIELLE. — Non. Vous êtes trop... *(Elle cherche le mot.)* timorée, pusillanime. Rien à faire avec vous. *(Elle retombe sur ses oreillers.)*

RÉJANE. — Je ne suis pas courageuse, c'est vrai.

GABRIELLE. — Vous êtes chieuse. Comme ça que ça s'appelle.

RÉJANE. — *(Au bord des larmes.)* Mais ce sont des gestes imprudents!...

GABRIELLE. — Croyiez-vous qu'il n'allait rien vous en coûter? Tout se paie. Quand vous aurez compris ça, vous aurez un pied sur la terre. – Au revoir.

RÉJANE. — Je ne dirai plus rien. Laissez-moi demeurer. *(Gabrielle se détourne. Un temps.)* Est-ce que... puis-je... encore me rendre à la fenêtre...

> *(Gabrielle souffle la bougie de son côté du lit. Seule reste allumée celle de la fenêtre. Réjane se rend à la fenêtre; elle élève la bougie, la promène de gauche à droite lentement.)*

GABRIELLE. — *(D'une voix grave, lente, rassurante.)* C'est ça... Doucement. Si la flamme s'amortit comment la verrait-il?... Prêtez bien attention à votre geste. Suivez la flamme des yeux... Bien; il vous a comprise, je pense. Le voici venir. Mais répétez le signal. Avec la même application... Et tournez-vous vers le miroir qui surmonte la table de toilette. *(Réjane se tourne face au public.)* Connaissez-vous l'usage du feu dans le noir? Vous le promenez devant votre visage, vous le mirez au fond de votre regard... qui se dilate... et la lueur révèle les personnages qui vous habitent. Les uns après les autres, ils apparaissent. Vous les voyez? Si différents de vous. Et pourtant pris à même les traits... que vous avez voulu réserver à une seule identité. N'est-ce pas curieux que l'obscurité nous en montre le vrai foisonnement?...

(Fondu des éclairages. Derrière le mur, en transparence, apparaît le coureur. Une porte qu'il ouvre et qu'il referme. Comme s'il rentrait chez lui. Il attrape une serviette et s'éponge, car il a eu chaud.)

L'HOMME. — Gabrielle! *(Un temps. Il traverse l'espace arrière.)* Gabrielle! Tu parles à qui?

GABRIELLE. — Où me cherches-tu? À cette heure, il n'y a que les honnêtes femmes de levées.

L'HOMME. — Je me mets sous l'eau courante et je viens te rejoindre.

GABRIELLE. — Non, non, non. Je te l'interdis. Viens comme tu es. Ruisselant. Pantelant. Tu laisseras des parfums fauves dans mes draps de vierge.

L'HOMME. — Vierge? *(Il rit.)*

GABRIELLE. — Ah! je le jure, je le serais si je ne t'avais pas connu.

L'HOMME. — Dis-le encore et je te croirai.

GABRIELLE. — Que tu es jeune! Celui qui aurait mon âge ne demanderait qu'à croire.

L'HOMME. — Tu es seule?

GABRIELLE. — Eh! Y a une surprise!

L'HOMME. — Donne-moi le temps d'une douche.

GABRIELLE. — Non! *(Plus doucement.)* Je te flaire d'ici et ça me fait une espèce de creux au fond du respir. Viens.

L'HOMME. — *(Arrivant près du lit.)* Et où est la surprise?

GABRIELLE. — Ah! Ah!

L'HOMME. — *(Il se tourne sans la voir vers Réjane.)* Où?

GABRIELLE. — Je la produirai en temps et lieu, mon doux ange. – Tends-moi tes bras forts. *(Elle les saisit et se hisse vers lui.)* Cette chose palpitante n'aspire qu'à se coller à toi, car elle vit par tes radiations.

L'HOMME. — Trop de paroles, mon ange. Tu nous connais.

(Il fait, sans brutalité, le geste de la déshabiller.)

GABRIELLE. — *(Se retirant comme à regret.)* Mon ange, non! Tu vois le costume que je vêts. Tu ne peux y porter une main profane.

L'HOMME. — Alors déshabille-toi.

GABRIELLE. — Non. *(Elle s'assoit sur le lit.)* Toi.

L'HOMME. — Chose facile. *(Il veut enlever son maillot.)*

GABRIELLE. — Non. Ça tu le gardes.

L'HOMME. — Bon. *(Il porte les mains à son short.)*

GABRIELLE. — Non, je veux, moi, te découvrir. Approche... *(Tendrement.)* Approche.

(Le coureur s'agenouille devant elle sur le lit. Elle l'enlace, introduit ses mains sous la bande élastique.)

GABRIELLE. — J'hésite à présent.

L'HOMME. — Qui veux-tu qu'on soit?

GABRIELLE. — Je ne sais plus lequel est mieux. *(Elle commence à remonter son maillot. Puis elle le redescend.)* J'aime ton torse. Ton ventre qui est doux.

L'HOMME. — Eh bien!…

GABRIELLE. — Non. N'interviens pas mon ange. Tu ne saurais pas… J'aime aussi masquer le haut parfois, et que sorte en triomphe cette chose que ta marche pousse en avant.

L'HOMME. — Alors fais-le. Tu démasqueras le haut après.

GABRIELLE. — Mon ange, tais-toi te dis-je. Si je consultais quelqu'un, ce serait ma petite camarade.

L'HOMME. — Oh! elle nous voit donc?

GABRIELLE. — Elle te voit. Elle est là pour ça.

L'HOMME. — C'est bien. Alors commence.

GABRIELLE. — Oui. *(Elle réintroduit ses mains sous la bande élastique du short.)* Pendant que je te déshabille, tu vas jeter les bras sur mes épaules.

L'HOMME. — Comme ça?

GABRIELLE. — Tes mains sont inutiles. Tu vas croire que tu portes les gants d'un boxeur. Tu sortirais de l'entraînement et…

L'HOMME. — Je vois. C'est bien.

GABRIELLE. — Le champion quitte le ring et la belle inconnue…

L'HOMME. — Quoi, toujours elle?

GABRIELLE. — Toujours imprévisible, oui. Plutôt que de lui délier les gants, la belle inconnue s'agenouille devant le vainqueur.

L'HOMME. — Je vois.

GABRIELLE. — Pour le vaincre.

L'HOMME. — Oui.

GABRIELLE. — Mais ne sois pas tout de suite excité, hein? Tu fais comme si d'abord tu restais interdit. Comment te défendre contre de si tendres assauts? Serais-tu choqué par la hardiesse, ce n'est ni le lieu ni l'heure de lancer le poing.

L'HOMME. — Certes non.

(Elle descend son short.)

GABRIELLE. — La belle se met en frais de récompenser ta vaillance... Tu souhaites pour le moins que personne ne vienne interrompre... L'admiratrice, à genoux, admire!...

L'HOMME. — Le boxeur respire plus vite qu'à s'évertuer contre le sac de sable. Il est présent plus encore que devant l'adversaire. Son sang fait des tours, des bouillons.

GABRIELLE. — Le sait-il cependant? Quelqu'un observe le couple.

L'HOMME. — Eh bien, qui est-ce?

GABRIELLE. — La surprise. La surprise estomaquée les observe.

L'HOMME. — Et que voit-elle?

GABRIELLE. — *(Elle pose ses mains sur l'arrière des cuisses du coureur et remonte jusqu'à lever le maillot.)* Le comble de la grâce et de la robustesse. Avec quelque chose de si vulnérable qu'elle en demeure pantoise.

L'HOMME. — Viendra-t-elle prolonger la caresse du regard avec sa propre chaleur?

GABRIELLE. — Elle devrait. Mais pour l'instant, ce qu'elle voit la cloue sur place.

L'HOMME. — Permets, cher trésor, qu'elle en voie pour son compte.

GABRIELLE. —Non! Elle est de plomb; c'est une masse aux joues embrasées. Elle a des picotements dans le visage, et sa poitrine lui semble trop étroite.

L'HOMME. — Et toi, mon ange?

GABRIELLE. —Moi! Qui ai de la délicatesse, mon ange, tu le sais. Je n'ai trop de mes deux narines pour te humer, et puis je chavire à chaque coup que mes yeux d'étage en étage descendent jusqu'où repose cette merveille que tu as.

L'HOMME. — C'est la part de moi la plus sauvage. Je ne sais si je pourrai longtemps tenir ma vigueur. Le désires-tu toujours?

GABRIELLE. — Mais oui! Bien sûr. Je veux, halant et tirant, transporter ici l'inamovible pour qu'elle voie éclore la merveille.

L'HOMME. — Alors, Madame, faites en sorte que ce soit bien vite, car je vous avoue que mon coursier a de l'impatience.

GABRIELLE. — Vous entendez Réjane? Joignez-vous à nous. – Ne vous faites pas prier, allons.

L'HOMME. — Réjane? ai-je bien entendu?

GABRIELLE. — *(Amusée.)* Ne dirait-on pas le nom d'une femme bien galante?

L'HOMME. — La consonance, peut-être. Réjane... courtisane.

GABRIELLE. — Mais rien que la rime, vous avez deviné. Cette enfant-là est l'innocence même.

L'HOMME. — Taisez-vous. Vous m'excitez terriblement.

GABRIELLE. — Gardez-vous d'en rien laisser paraître.

L'HOMME. — Malaisé à faire plus qu'à dire.

GABRIELLE. — Le champion qui va défendre son titre s'interdit les frivolités. Pense, mon ange, si ton entraîneur faisait irruption...

L'HOMME. — Cette pensée ne suffit pas à tempérer mon élan.

GABRIELLE. — Ah! Je vois que vous ne voulez rien ménager à l'innocence?

L'HOMME. — Rien, je vous assure.

GABRIELLE. — Puisqu'il en est ainsi, qu'elle approche. *(Fort.)* Mais qu'elle vienne donc!

(Gabrielle quitte le lit et se rend auprès de Réjane, qu'elle saisit par la main.)

GABRIELLE. — Venez. Il vous attend. Il réclame vos soins.

RÉJANE. — Lâchez-moi. Lâchez-moi.

(Gabrielle revient au coureur.)

GABRIELLE. — Mon amour, l'innocence est toute troublée. De faire un pas en avant lui donne le vertige.

L'HOMME. — Délicieuses dispositions.

GABRIELLE. — À ma connaissance, ces sortes d'états augurent d'un riche tempérament. Pendant que je donne la main à l'innocence, mon cher amour, pour l'aider à franchir le torrent de son trouble, mets-toi tout du long sur le lit. *(Le coureur s'étend.)* Et tourne-toi, que je voie ta vigueur... avant de la couvrir.

(Elle le couvre. Puis elle s'approche de Réjane à qui elle tend la main. Modification d'éclairage. La lumière sur le coureur s'éteint.)

GABRIELLE. — Vous avez entendu? Il aime la réserve, il adore la gaucherie.

RÉJANE. — Vous êtes hors de vous, je crois. Vous avez des hallucinations.

GABRIELLE. — Des hallucinations? Vous voilà les mains moites, ma petite. Et les joues bien vives. Ce sont mes hallucinations qui vous font cet effet?

RÉJANE. — Vous m'effrayez.

GABRIELLE. — Ne vous cabrez pas. Laissez-vous emporter; suivez votre inclination.

RÉJANE. — Non, c'est impossible.

GABRIELLE. — *(Sans se retourner.)* Vous allez le lasser...

RÉJANE. — Il n'existe même pas. Laissez-moi.

(Pendant ces répliques, le coureur a quitté le lit sans qu'on le voie.)

GABRIELLE. — *(Se retournant.)* Voilà! Vous l'avez fait partir avec vos signaux de détresse. Cet homme-là a-t-il l'air d'une brute? Il n'aime que lorsque l'on consent.

(Réjane ramasse ses affaires, gagne la sortie. L'éclairage revient à ce qu'il était au début de la scène dans la chambre.)

RÉJANE. — Bonne nuit.

GABRIELLE. — Pour ce qu'il en reste. Il ne se passera pas deux heures que vous entendrez les pantoufles chuinter dans les couloirs. Souich... Souich... Les vieilles se traînent à la lueur des veilleuses pour chanter matines. Souich... Souich... Quand ce n'est pas pour fouiller les armoires bondées d'huiles émollientes et de laxatifs. Souich... Souich... Le long des couloirs, frôlant le portrait encadré des soeurs disparues.

RÉJANE. — Laissez-moi partir!

GABRIELLE. — N'est-ce pas tentant de placer en esprit sa propre image à la suite?

(Gabrielle livre le passage et Réjane s'enfuit.

Inversion des éclairages. Pendant que Gabrielle disparaît, Réjane, quittant l'aire de la chambre, se dirige vers une extrémité du plateau où est apparu le personnage masculin, revêtu d'un sarrau blanc. Elle s'arrête en l'apercevant, le regarde s'avancer vers le milieu de la scène.)

RÉJANE. — Cet exercice ne mène à rien. Et je suis vidée.

L'HOMME. — Connaissez-vous le procédé du quadrillage? Le maître confie à l'apprenti le sujet à transposer dans la fresque. Sur le motif, l'apprenti trace des lignes, forme des carrés. Ainsi, au lieu de se rendre responsable du mouvement général, de l'agencement des couleurs, de l'exactitude des proportions..., il reporte à l'échelle, ligne par ligne, tache par tache, le contenu de chaque carré. À la fin, la composition apparaît dans sa vérité et son équilibre. Mais jusque-là, sans recul, l'apprenti, n'ayant qu'une lointaine idée de l'ensemble, perçoit surtout la morne application, l'effort têtu.

RÉJANE. — Et si je voulais partir?

L'HOMME. — En tout temps vous le pouvez. *(Il s'écarte pour la laisser passer.)* Vous hésitez... Alors vous songez à ce que vous avez investi de vous-même dans cette recherche. *(Il lui remet une pile de cahiers d'exercices.)*

RÉJANE. — C'est... à ce que je vois arriver que je songe.

L'HOMME. — Il faut laisser advenir. Sans vous mettre en défense. Qu'avez-vous à appréhender? Les situations sont des pièces du quadrillage.

> *(Réjane, mal assurée, reprend place sur le banc, à l'avant-scène.)*

GABRIELLE. — Tiens! Moi qui pensais ne plus vous voir que rasant les murs, regard baissé.

(Réjane enlève une pile de cahiers et Gabrielle s'installe à côté d'elle.)

GABRIELLE. — Un coin que j'ai toujours affectionné. Si calme...

RÉJANE. — Je me tais. Le temps de finir cette copie.

GABRIELLE. — Y a-t-il pire corvée!

RÉJANE. — Trois jours, que j'y aurai engloutis.

GABRIELLE. — Si vous êtes assez bête...

RÉJANE. — Comment?

GABRIELLE. — Je n'en ai pas de corrections, voyez.

RÉJANE. — Vous faites des ateliers!

GABRIELLE. — Mais oui!

RÉJANE. — Quand il s'en trouve une pour enseigner les arts plastiques, dans une institution, c'est assez.

GABRIELLE. — Le français, le latin... Devoir deux fois par semaine... Parlez-moi de ça.

RÉJANE. — Tournez le fer, en plus.

GABRIELLE. — Quand vous détesterez cela pour de bon, vous changerez.

RÉJANE. — Tiens?...

GABRIELLE. — Et quand on emprunte la voie du changement, seul coûte le premier pas.

RÉJANE. — Non! L'assurance de retrouver ce qu'on quitte, il faut d'abord l'assurance!

GABRIELLE. — Et vous ne l'auriez pas? *(Elle rit.)*

RÉJANE. — Pourquoi riez-vous?

GABRIELLE. — C'est quand même drôle, admettez. Une vie réglée à la minute près... et pas de sécurité. – Combien avez-vous mis à vous remettre, l'autre fois que je vous ai fait un peu veiller? Trois jours, quatre?... Nous sommes de vraies vieilles filles, savez-vous. – Et même pas de chats sur qui déverser des océans d'affection. En classe, vous avez des chouchoux?

RÉJANE. — Recommencez sur ce ton et je vous quitte.

GABRIELLE. — N'êtes-vous pas venue pour que je vous entretienne?

RÉJANE. — Oui, sans doute.

GABRIELLE. — Si vous voulez, je vous montre le projet en histoire de l'art de la classe des finissants!

RÉJANE. — Pour quoi faire?

GABRIELLE. — Je croyais qu'une discussion pédagogique vous rallierait.

RÉJANE. — Vous vous moquez encore.

GABRIELLE. — Non, ce que je voudrais vous produire, c'est le travail d'un élève sur des madones de la Renaissance. Tout à fait frappant.

RÉJANE. — Comment l'entendez-vous?

GABRIELLE. — Oh! pas pour la petite érudition de l'élève, non. Pour la simple réunion de ces visages de femmes jeunes. Et pour la curiosité de les confronter avec nos visages à nous.

RÉJANE. — Vous voulez dire le visage des autres soeurs?

GABRIELLE. — De nos émules en dévotion, oui. Quel contraste! Nos visages effilés, l'oeil aigu derrière les lunettes! À côté de la candeur de ces regards immenses. Si Raphaël s'enquérait d'un modèle aujourd'hui, il serait bien malvenu de chercher parmi nous. Pour trouver la lumière et le repos de la grâce, ce n'est pas dans ce quêpier qu'il faut s'introduire. D'ailleurs, je pense que souvent les peintres erraient dans les quartiers louches en quête de la beauté chaste. De jeunes prostituées auraient prêté leurs traits à la Vierge. Le croiriez-vous?

RÉJANE. — Non!

GABRIELLE. — Je peux vous dire en tout cas que j'ai vu à l'atelier de mon père des modèles qui n'étaient pas des anges et qui avaient des visages d'ange. Absolument: des danseuses, des filles qui vivaient de combines. Je n'ai pas rencontré beaucoup de visages d'anges dans nos murs, par exemple. Elle récompense pas mal, la vertu, ceux qui la pratiquent?

RÉJANE. — S'agit-il de cette beauté-là?

GABRIELLE. — S'il y en a une autre, aucune raison qu'elle répande de l'aigreur sur la face. Pour quoi faire?

RÉJANE. — Nous vivons dans l'attente d'un accomplissement. Et nous avons sacrifié beaucoup.

GABRIELLE. — La cryonisation, n'est-ce pas? Le cadavre gelé en vue du miracle médical... Non, moi, si je me suis faite soeur, c'était pour trouver un abri où me remembrer après mes envols et mes chutes! Évidemment je me faisais illusion. Ici, ce n'est pas de paix qu'on s'abreuve, mais de cafard. L'ennui, ma chère enfant! L'ennui qui suinte de ces corridors. Mortel. Et les collègues, laïques aussi bien: des personnes accablantes de sérieux et de sens du devoir! *(Elle lui tend le short du coureur.)* Tenez. Souvenir d'hallucination.

RÉJANE. — *(Ébranlée.)* Vous venez de l'acheter.

GABRIELLE. — Avez-vous mis votre nez dedans? *(Soeur Réjane se détourne.)* C'est pourquoi je vous le donne.

RÉJANE. — *(Après un temps.)* Faudrait pouvoir vous prendre à la blague. *(Elle essaie de le faire.)*

GABRIELLE. — Mon Dieu, quand on vous voit sourire c'est toujours si niaisement! Oui, toutes, d'ailleurs, dans la maison. À vous regarder, on vous croirait plongée pour de vrai dans cette survie exsangue... Souich... Souich... Souich... C'est-y sérieux ça? C'est-y pour de vrai? Regardez-donc les Inuit. Ils rient tout le temps eux autres. Sont pas fous.

RÉJANE. — Pour une régente de noviciat, vous avez une manière à vous de soigner la vocation.

GABRIELLE. — Une ex, ma chère; faute de combattantes. – Mais je n'ai jamais tenu d'autre langage. Celles qui ont fait du gnangnan avant moi n'ont pas mieux gardé la volaille au poulailler. Qui veut sortir sorte!

RÉJANE. — Vous jugez sévèrement celles qui restent.

GABRIELLE. — Pas toutes. – Je suffoque la moitié du temps dans le petit personnage que j'habite. Celles qui ont refusé même à ce personnage le droit d'exister, diriez-vous qu'elles vivent ou qu'elles hibernent?

RÉJANE. — Vous me visez et vous manquez votre cible. *(Avec une certaine emphase.)* J'ai reçu de la vie l'amertume que j'en pouvais recevoir.

GABRIELLE. — *(Après un rire bref.)* Et quand ce serait? Avez-vous mesuré la petitesse de l'expérience? Je veux dire pour de bon, là. Dans l'écume immémoriale des jours, notre bulle... Dans l'espace inter-galactique, la place qu'on tient... À chaque fois que je suis confrontée à cela, j'en demeure comme éperdue. J'aurais des océans de larmes à verser, je ne m'en consolerais pas.

RÉJANE. — C'est que vous manquez singulièrement de modestie.

GABRIELLE. — Le moindre résultat demande si long d'usure. Combien de marées faut-il à la vague pour polir le galet? *(Chuchotant.)* Et cependant, il va falloir quitter le film avant la fin. Peut-être est-ce vous qui avez raison; de ne pas vous prendre à le regarder... *(Elle lui enlève le short, le hausse.)* C'est un moyen que je vous suggère. D'entrevoir la fin.

RÉJANE. — Les ermites avec un crâne sur leur table ont, j'estime, meilleure vue.

GABRIELLE. — *(Souriant, replie le short.)* J'y pensais, moi, comme à la commande de l'accéléré.

RÉJANE. — La vie ne dispense personne de ses enseignements. Même les ermites. Ils savent, eux, que les splendeurs sont passagères.

GABRIELLE. — Mais elles n'en ont que plus de prix! Faut être pucelle pour en faire si bon marché. – Des fois je me fais un tableau – assez romantique, vous allez voir. C'est vous que je mets dans le tableau. Pour incarner la beauté.

RÉJANE. — Moi...

GABRIELLE. — Vous êtes la beauté poursuivie par l'ardeur de l'amant. Votre fuite, bien entendu, est le mouvement de l'ignorance. Mais qu'importe, vous tentez de vous dérober. Tant que vous n'avez bientôt plus pour refuge que notre petit cimetière.

RÉJANE. — *(Troublée.)* Le cimetière?...

GABRIELLE. — Vous courez à travers les stèles et bientôt vous trébuchez sur une dalle ou, mieux, sur le seuil du charnier. Là vous rejoint l'amant. Et jamais votre beauté ne l'a si fort ému. Vos dons – admirables – proposés aux portes de la mort. Ah! je vous jure, jamais l'amour ne s'est consumé avec autant de flamme. Tellement d'ailleurs que le givre a fondu sur la terreur de la belle.

RÉJANE. — Vous me dites des choses si curieuses... Hier, en feuilletant le journal, je tombe sur la photo d'une femme dépenaillée, l'injure à la bouche. La légende, sous la photo, disait que cette clocharde, en son temps, avait été ce que le cinéma appelle un «sex symbol». Elle vit à présent d'assistance publique, dans un quartier misérable de Los Angeles.

GABRIELLE. — Tous les paris ne sortent pas gagnants... J'ai vu la photo: un visage comme un poing tendu... – Descente infinie, traversée des apparences, quel sens donner à notre parcours?

RÉJANE. — Oui, à quoi faut-il occuper ses jours? À propos du cimetière... voici une coïncidence. La nuit dernière, alors que je croyais enfin trouver du repos – vous savez que je souffre d'insomnie...

(Soeur Gabrielle étouffe un petit rire.)

RÉJANE. — Ce rire est bien désobligeant. – Donc, je m'étais endormie lorsque des feulements tout proches m'on tirée du sommeil. Comme cela persistait, je me penche à la fenêtre pour découvrir que deux matous se querellaient sur le toit de la véranda. La femelle, couchée sur l'herbe, attendait l'issue de la confrontation. L'un des deux prétendants avait l'avantage. Désireux de confirmer ses gains, après des menaces sourdement modulées, il bondit sur son rival. Tous les deux ne forment alors qu'une espèce de boule d'où s'envolent les touffes et, figurez-vous, ils se mettent à rouler sur le toit, lequel accuse, comme vous le savez, une assez forte pente.

GABRIELLE. — Ils tombent amalgamés auprès de la chatte?

RÉJANE. — Oui! Sur leurs pattes!... Là, l'un des duellistes, déclarant forfait, file comme l'éclair à travers le jardin et, dans notre cimetière désaffecté, il croit se trouver quitte.

GABRIELLE. — L'autre alors considère sa conquête...

RÉJANE. — Non! Il se rue à la poursuite. C'est la femelle, frôlant l'herbe, qui rampe vers le champ d'honneur. Mais le perdant se dérobe déjà sans demander son reste, avec le vainqueur sur ses arrières qui lui lance les griffes dans les flancs...

GABRIELLE. — Va-t-il donc laisser la proie pour l'ombre?

RÉJANE. — Oh non! Le héros, sans hâte aucune, revient au bout d'un moment auprès de l'insatiable compagne qui attend allongée sur une tombe – et c'est pour cueillir au mérite les lauriers qu'il a gagnés.

GABRIELLE. — Quelle fête ils se font ces adorables fauves!

RÉJANE. — *(Tout bas.)* Je vous avoue que des pensées me sont venues, dans le genre des vôtres.

GABRIELLE. — Dans le genre: vivez, si m'en croyez... ou bien d'un genre plus précis.

RÉJANE. — Ça revient au même.

GABRIELLE. — *(Pas convaincue.)* Hum... mettons... – Alors, dites-moi, vous êtes venue ici pour me voir, moi, ou bien *(Élevant le short.)*... mon hallucination?

RÉJANE. — Vraiment.

GABRIELLE. — Finissons-en avec vos airs pincés, où cela vous mène-t-il?

RÉJANE. — Eh bien, pour vous voir.

GABRIELLE. — *(Gaiement.)* La jeunesse est une récolte. Il faut la prendre ou la perdre. Vous me suivrez dans ma chambre?

RÉJANE. — *(Effrayée.)* Pour quoi faire?

GABRIELLE. — Une rencontre.

RÉJANE. — Avec qui? Avec...

GABRIELLE. — Non... pas avec le coureur. Une autre personne.

RÉJANE. — Comment? Mais qui? – Non, je ne veux pas.

GABRIELLE. — Mais oui, vous voulez. Vous voilà déjà toute palpitante. Toute moite, peut-être. *(Elle rit.)*

RÉJANE. — Vous me fâchez, je vous dis.

GABRIELLE. — *(Avec un haussement d'épaules.)* Fâchez-vous. – Savez-vous que les femmes ont la réputation de tout se dire?

RÉJANE. — Comment?

GABRIELLE. — En amour. C'est même un reproche que leur adressent les hommes. *(Chuchotant.)* Et je crois qu'ils n'ont pas tort.

RÉJANE. — Moi, je vous assure...

GABRIELLE. — Tss-tss: ne jurez pas trop vite. La discrétion vous est facile, vous n'avez rien à raconter.

RÉJANE. — Quand même! Cette impudeur me semble bien inutile.

GABRIELLE. — Croyez-vous? Mettons que vous êtes épouse, ou maîtresse, ou bien l'une et l'autre – cela arrive paraît-il – et que vos sens soient souvent sollicités...

RÉJANE. — Eh bien?

GABRIELLE. — Eh bien, ma pauvre enfant, vous vous fatigueriez aussi de la constance de l'amant.

RÉJANE. — Non... je ne peux pas voir cela.

GABRIELLE. — Et vous chercheriez à vous frictionner l'imagination. En racontant. En vous faisant raconter... Les portes de la spéculation alors sont grandes ouvertes. Cela, ma chère, c'est l'infidélité des femmes honnêtes. Les autres font comme les chattes. Vous savez, dans la même portée, que se côtoient les rejetons de plusieurs géniteurs?

RÉJANE. — Que voulez-vous dire?

GABRIELLE. — Que les petits d'une même nichée n'ont pas tous le même père, que la chatte accueille plus d'un compagnon par chaleur.

RÉJANE. — Écoutez, Gabrielle, les chats sont des animaux.

GABRIELLE. — Et nous, le miroir du divin, je suppose.

RÉJANE. — Nous avons le plaisir, qui concilie l'esprit et les sens.

GABRIELLE. — Amour inavouable que celui des corps sans la caution de l'amitié... Dans bien des langues «je t'aime» se dit «je te veux». Et si le mot «coeur» était une simple figure de rhétorique courtoise pour le mot «cul»? Comment diriez-vous «je t'aime de tout mon coeur»?

RÉJANE. — Est-ce pour cette raison que l'amour me glace?...

GABRIELLE. — Savez-vous, Réjane? Vous avez une belle frousse de ces rapprochements et vous avez tort: ils sont inoffensifs. Notre siècle a fait de la rencontre sexuelle un geste de pure sociabilité.

RÉJANE. — Est-il rien de plus ennuyeux?

GABRIELLE. — N'est-ce pas? Encore faut-il en avoir tâté. Sinon gare aux regrets. – Au fait, voyez-vous, là-bas, qui descend l'allée?

RÉJANE. — C'est M. l'aumônier.

GABRIELLE. — Oui. Qui vient sonder les reins et les coeurs.

RÉJANE. — Allons, Gabrielle...

GABRIELLE. — Les vôtres en premier. – Vous ne le trouvez pas à votre goût?... Je vous l'accorde. Ce n'est pas un Casanova. Mais il a de l'idée. Surtout après avoir reçu à confesse.

RÉJANE. — Gabrielle!

GABRIELLE. — «Vous effarouchez pas, la petite mère...» C'est ainsi qu'il parle, car c'est un garçon, un fois sorti des sermons et des épîtres, qui a le tempérament terrien. Avec lui, tout est simple, vous allez voir, et direct. Il fait ses demandes très crûment. Et s'il cherche des images pour se faire comprendre, c'est aux animaux de la ferme qu'il renvoie. – Mon Dieu! Vous plissez le nez. Vous faites la gesteuse. Attendez donc de voir! *(Elle se lève.)* – Vous hésitez?... Bien. À tout à l'heure.

> *(Elle sort. Réjane demeurée seule paraît perplexe. Elle regarde dans la direction qu'a empruntée Gabrielle, comme tourmentée par le désir de la suivre. Mais elle revient à ses copies.)*

RÉJANE. — *(Ouvrant un cahier.)* Vincent Bilodeau. *(Elle soupire et fait des corrections en lisant. Elle s'impatiente.)* Ah!... vraiment! *(Elle tourne rapidement les pages et lit la fin, les yeux aux ciel.)* La pluie démembre le pique-nique et, réfugié dans un kiosque avec les enfants, le père les met à la porte «pour sauter la mère», comme dit finement le narrateur. – Et je leur ai demandé de raconter un fait de famille survenu à pareille saison... J'aurai beau dire, le vaurien objectera qu'il n'a fait que citer son père. *(Elle revient en arrière et reprend la correction où elle l'avait laissée.)* Cet âge est le pire: on n'a pas fini de s'en plaindre. Pas plus tard qu'hier, en révisant au tableau l'accord de *tout*, nom, adjectif, adverbe et pronom, je remarque que la classe rigolait. Une hilarité dont je devinais bien être la cause. De fait, j'avise cet espèce de dégingandé de Vincent qui avait capté le soleil sur le cadran de sa montre et qui posait le rayon sur moi, contournant les seins... *et caetera. (Elle soupire, inscrit un résultat et un commentaire dans le cahier, le referme, le glisse sous la pile et en ouvre un autre. Lisant.)* «Première fin de semaine au chalet.» *(Elle ferme le cahier et le dépose sur la pile.) Ad nauseam.* Des fois, c'est vrai, ça va jusqu'au haut-le-coeur. *(Elle range les cahiers et se prépare à sortir.)* Pour comble il a fallu après que je parle de l'*homo erectus.* J'ai dû interrompre le cours. Le chahut, mes aïeux! Et je vous fais grâce des gestes obscènes!

(Elle se lève et part dans la même direction que Gabrielle.

Le décor s'ouvre à nouveau sur la chambre de celle-ci.

De dos, un homme se tient au milieu de la pièce. Il porte une pelisse qu'il finit de fermer et un feutre. Il prend une petite valise et la garde à la main.

Derrière un paravent, quelqu'un achève de s'habiller, tirant à soi des pièces de vêtements.)

L'HOMME. — Remarquable. Pour votre âge, c'est remarquable.

GABRIELLE. — *(De derrière le paravent, cri de douleur ou de dégoût.)* Aïe! Comme si c'était nécessaire. Voyez mon lit, ce que j'y pose dès que je le quitte.

L'HOMME. — Quoi?

GABRIELLE. — Sur l'oreiller vous dis-je.

L'HOMME. — *(Le prenant dans sa main.)* Un crâne?

GABRIELLE. — Mais oui.

L'HOMME. — Morbide.

GABRIELLE. — Pour vous dire, hein, que je me passe de vos commentaires.

L'HOMME. — Ça m'a échappé...

GABRIELLE. — Oh! pas du tout.

L'HOMME. — Vous allez m'excuser?

GABRIELLE. — *(Sortant de derrière le paravent; elle porte le long vêtement, le voile et la guimpe des religieuses d'autrefois.)* Mieux que ça. Je vais vous faire un cadeau.

L'HOMME. — Trop de bonté.

GABRIELLE. — Allons donc. Vous n'acceptez de vous pencher sur moi que dans l'espoir que je fasse ensuite surgir de derrière la porte quelque faunesse en cornette. *(Elle lui enlève le crâne des mains. À voix basse.)* Vous êtes cruel, Monsieur.

L'HOMME. — *(De même.)* C'est la vie, Madame, qui l'est.

GABRIELLE. — Vous alliez me quitter?...

(Elle pose le crâne sur l'oreiller, revient à lui, le regarde. Puis elle se dirige vers la porte.)

GABRIELLE. — Entrez, mon enfant, entrez. *(Entre Réjane. Elle est vêtue comme une novice d'autrefois.)* La patiente, docteur, dont je vous ai parlé. Soeur Réjane. Une postulante.

(On ne sait si cette dernière salue ou si elle baisse la tête de confusion.)

L'HOMME. — M'avez-vous bien marqué tous les symptômes dont souffre la jeune personne?

(Il feuillette un carnet en s'asseyant à une table à écrire.)

GABRIELLE. — Je vous ai dit ce que j'ai pu constater... *(Elle esquisse un geste comme pour montrer que la jeune religieuse n'est pas bavarde.)*

L'HOMME. — Approchez, mon enfant.

RÉJANE. — (*À Gabrielle*) Ma Soeur, c'est M. l'aumônier que je venais voir...

L'HOMME. — *(À Gabrielle)* Qu'a-t-elle dit?

GABRIELLE. — Ne faites pas perdre son temps à M. le docteur, soeur Réjane. Passez là-bas et déshabillez-vous.

RÉJANE. — Je ne suis pas malade...

GABRIELLE. — Comment appelez-vous ça? À peine si vous pouvez vous faire entendre.

RÉJANE. — Mais, avais-je rendez-vous avec M. l'aumônier? Vous m'aviez dit...

GABRIELLE. — Vous le verrez plus tard. Allez derrière le paravent.

L'HOMME. — Un instant. Vous tremblez, on dirait. Tendez les bras. – Mais oui: elle tremble. Asseyez-vous. Tirez la langue un peu. *(Il lui tourne ensuite la paupière inférieure. Puis il fait un signe à Gabrielle. Celle-ci, relevant les jupes, dégage le genou de Réjane.)* Croisez la jambe. *(Test de réflexes. Prenant Gabrielle à part.)* Une belle jambe. Un frais minois. Un sang généreux, pas de doute. Mais, à l'encontre des dispositions que pareils attributs semblent promettre...

GABRIELLE. — Un peu de gêne, attendez.

L'HOMME. — Un peu?

GABRIELLE. — Un autre y verrait un attrait supplémentaire.

L'HOMME. — Je ne suis pas nécrophile. Cette fille est froide comme la tombe. Je m'y connais.

GABRIELLE. — Je sais que vous vous entendez à reconnaître les natures. Mais la digue, ici, qui contient la passion, si elle était levée...

L'HOMME. — Un défi, ma chère. L'entreprise d'une année au moins. Faudrait le dévouement d'une âme aimante. La tendre corvée d'un mari qui voudrait ajouter un fleuron à sa gerbe.

GABRIELLE. — Voyons. Trouvez le raccourci. Surprenez. La rupture, le dépaysement ont des pouvoirs pour bousculer les atomes constituants. Ici, mieux qu'en voyage de noces, vous pouvez faire surgir «l'autre» en elle.

L'HOMME. — L'autre?

GABRIELLE. — Avez-vous cru véritablement qu'elle n'a que cette apparence? D'une postulante cousue d'acné? Et qui sue à grosses gouttes si vous lui demandez de croiser la jambe?

L'HOMME. — *(Revenant à Réjane.)* Êtes-vous fiévreuse?

RÉJANE. — Monsieur, je... je ne suis pas malade.

L'HOMME. — *(Éponge le front de la jeune femme avec son mouchoir, puis lui renversant la tête, rafraîchit son cou.)* Le pli des chairs, ici, est mouillé. *(Il lui prend le poignet.)* La paume tout humide aussi... Fait-il chaud dans cette pièce?

GABRIELLE. — Sans doute non, Monsieur. Les couvents sont tenus froids. – Vous le savez mieux que personne.

L'HOMME. — Règle du cloître?

GABRIELLE. — L'économe ne porte pas un vain titre.

L'HOMME. — *(Ayant, avec l'aide de Gabrielle, défait le col de la jeune religieuse.)* C'est égal: puisque vous y êtes habituées...

> *(Il dépose son feutre dans les mains de Gabrielle, puis applique son oreille au décolleté de soeur Réjane.)*

GABRIELLE. — Les couvents sont des ruches: des sociétés hiérarchisées; d'une stricte ordonnance.

L'HOMME. — Moins parfaites. Le gouvernement d'une fourmilière ou d'une ruche ne pose aucun problème d'individu.

GABRIELLE. — Je suis forcée de vous donner raison. Les abeilles, aussi bien que les fourmis ouvrières, sont neutres. Comme les anges.

L'HOMME. — Vous n'en êtes pas.

GABRIELLE. — Non.

> *(Elle sourit. Elle est belle.)*

L'HOMME. — Pour votre malheur.

GABRIELLE. — Mon Dieu, pourquoi dites-vous cela?

> *(L'homme aide soeur Réjane à se retourner sur le tabouret où elle est assise. Il lui dégage le dos et fait percuter son doigt sur l'index et son majeur posés à même l'omoplate de la jeune femme.)*

L'HOMME. — Parce que les envies contrariées se changent en vinaigre.

GABRIELLE. — Eh bien, regardez une jeune personne que je vous envoie parce que, précisément, elle est malade d'amour.

(L'homme ramène la jeune religieuse dans sa précédente posture, lui prend le menton.)

L'HOMME. — *(Plongeant son regard dans celui de Réjane.)* D'amour... inaccompli?

GABRIELLE. — En est-elle moins belle?

L'HOMME. — Sans vouloir vous blesser, ni la jeune personne d'ailleurs, je vais vous dire que... non, ma soeur, on ne peut pas ici parler de beauté. *(Réjane dégage sans brusquerie son menton de la main du docteur.)* Je sais ce qu'est une belle fille.

GABRIELLE. — *(Avec un fin sourire.)* Mais nous n'en doutons pas! La beauté est si différente de la joliesse... Quelquefois, elle en est l'opposé. Et puis à cet âge, est-ce qu'on n'est pas toujours beau?

L'HOMME. — On l'est, quand on est nu.

GABRIELLE. — Oui. L'harmonie se retrouve dans l'ensemble, quand on ne peut la chercher dans le détail...

L'HOMME. — Alors les imperfections, trouvant à se résoudre, ne sont plus des imperfections.

GABRIELLE. — Mais oui. Êtes-vous bien d'accord, soeur Réjane? Vous ne dites rien.

RÉJANE. — Ma soeur, je vous assure: je ne suis pas malade.

GABRIELLE. — C'est bon, c'est bon. Cessez ces enfantillages. Montez sur l'escabeau.

(Elle l'aide à se mettre debout sur le tabouret.)

L'HOMME. — La beauté compatit mal avec une trop parfaite conscience d'elle-même. Mais ce retour sur soi, ce refus de ce qui bouge au-dedans, cette méfiance qu'on a de l'autre, le mépris qu'on a de sa faim... Est-on beau si on vit muré dans l'ombre?

GABRIELLE. — *(À Réjane.)* Il a raison. L'entendez-vous, Mademoiselle? *(Au docteur.)* Cette jeune femme venait ici à confesse. Elle croyait avoir pris rendez-vous avec M. l'abbé. Elle n'est pas si renfermée que vous dites.

L'HOMME. — Qu'elle nous dise donc ses péchés. Qu'elle s'expose une fois.

GABRIELLE. — Mon Dieu, Monsieur... ce que vous demandez là est impossible.

L'HOMME. — Elle peut le faire sans sacrilège. Il paraît à présent que cet excentrique de docteur, là-bas, en Europe, soigne les femmes de cette façon.

GABRIELLE. — Le docteur Freud?

L'HOMME. — Oui.

GABRIELLE. — Qu'en pensez-vous, soeur Réjane?

RÉJANE. — Je vous en prie... je mourrais de honte.

GABRIELLE. — Vous voyez? Elle mourrait de honte. – Désirez-vous, ma petite, que je dise moi-même à monsieur ce qui vous embarrasse?

RÉJANE. — S'il vous plaît, n'en faites rien.

GABRIELLE. — Eh bien! Il est question de vous découvrir. C'est tout.

L'HOMME. — Déshabillez-vous donc. Vous vivez sous tant de linge. Cela est malsain!

GABRIELLE. — C'est le docteur qui vous parle, soeur Réjane. Faites comme il dit. *(Réjane descend du tabouret.)* Eh! où allez-vous?

RÉJANE. — Derrière le paravent...

L'HOMME. — Laissez-la faire.

GABRIELLE. — *(Au médecin.)* Vous tardez bien, ça me semble, à venir au fait.

L'HOMME. — Je vous l'ai dit: je ne suis pas sûr que ce choix me tente. D'habitude...

GABRIELLE. — Vous rechignez toujours. Il n'y a pas d'habitude.

L'HOMME. — Vous me parlez de faunesses en cornette et puis...

GABRIELLE. — Mais suscitez-la, la faunesse!

L'HOMME. — La susciter...

GABRIELLE. — Si vous restez, défaites donc votre pelisse. *(Elle défait les boutons. Il n'a d'autre vêtement dessous qu'un cache-sexe et des bottes.)* Vous avez l'air d'un dompteur. Ainsi la bête est convoquée. La petite faunesse se met tout de suite à gambader quand elle voit le loup paraître dans la clairière. Ah! Monsieur, embrassez-moi.

(Ils s'embrassent. De derrière le paravent sort Réjane. Elle est en chemise. Gabrielle, qui l'a vue, tourne vers elle le docteur. Réjane pousse une exclamation et fait mine de reculer. Mais Gabrielle, lui prenant la main, la ramène au milieu de la scène.)

GABRIELLE. — (*À Réjane.*) Avez-vous déjà embrassé un moustachu, soeur Réjane? Du temps que je vivais dans le monde, les femmes disaient: «Un baiser sans moustache, c'est un potage sans sel.» – Mon Dieu, docteur... Ce qu'on obtient sans effort en vaut-il la peine?

L'HOMME. — (*À Réjane.*) Je vous fais donc peur? (*Il va vers elle, la regarde, prend sa tête entre ses mains, l'embrasse doucement sur la bouche, puis se presse contre elle en lui tenant la taille. Soeur Réjane s'évanouit dans ses bras.*) Voyez. Elle s'est évanouie.

GABRIELLE. — Imaginez-vous! J'ai des sels avec moi. (*Elle trouve une fiole dans sa poche, la débouche, l'approche des narines de soeur Réjane qui revient à elle.*) Asseyez-vous là, mon enfant.

L'HOMME. — Jamais encore vu ça.

GABRIELLE. — Intéressant, avouez.

L'HOMME. — Cette petite... À quelle caste appartient-elle? Si délicate...

GABRIELLE. — Ne vous faites pas d'idées. Elle a été admise sans dot. Recueillie.

L'HOMME. — Pourtant...

GABRIELLE. — Dans sa situation, les jeunes filles bien éduquées ne s'évanoiuissent pas: elles font semblant.

L'HOMME. — Ah! vous croyez?

GABRIELLE. — Elles sont plus aguerries. Elles ont des oncles, mais aussi... le chauffeur.

L'HOMME. — Elles tiennent par moments, vous voulez dire, le haut du pavé?

GABRIELLE. — Voilà. Si elles se sont évanouies la première fois, c'est parce qu'elles ignoraient comment accepter les hommages... Vous savez, dans ce dressage qu'est leur éducation, il y a peu de part faite à l'abandon. Ce qu'elles pourrraient trouver agréable dans la surprise des sens, elles ne savent pas d'emblée l'exprimer dans une attitude composée avec goût et qui présenterait, de démesure, juste ce qu'il faut.

L'HOMME. — Intéressant, en effet.

GABRIELLE. — Alors elles font la morte. Jusqu'à ce qu'elles sachent. Ce qui n'arrive pas toujours. – Mais pour cette petite, c'est différent. Elle a été submergée par le désir. Suffoquée. Fffff...!

L'HOMME. — Vous croyez?

GABRIELLE. — C'est évident.

L'HOMME. — Mais regardez-la: elle tremble.

GABRIELLE. — Soeur Réjane, allons, répondez aux questions de M. le docteur. Sans rien lui cacher.

L'HOMME. — Êtes-vous vierge?

RÉJANE. — Soeur Gabrielle, je vous en prie...

GABRIELLE. — On vous demande si vous êtes vierge, répondez.

RÉJANE. — Je n'ai pas besoin de médecin, je...

GABRIELLE. — Claqueriez-vous des dents si vous n'étiez pas malade?

L'HOMME. — Voilà bien où la ligne se trace d'elle-même. Dans la petite malheureuse, il y a toujours la peur: dans la fille bien élevée, c'est l'arrogance qu'on voit à tout coup paraître.

GABRIELLE. — L'arrogance se nourrit dès le berceau du sentiment de sa valeur. Et ne vous y trompez pas, cette valeur est patiemment mise à l'épreuve. L'éducation de caste est ambitieuse!

L'HOMME. — Trop sans doute pour ses moyens. Regardez Mme Turbide que j'ai prise pour maîtresse. À soixante-dix ans, elle ne désarme pas.

GABRIELLE. — Vous l'aimez, elle, et vous ne m'honorez pas.

L'HOMME. — Je suis votre serviteur, Madame.

GABRIELLE. — Mais si c'est d'être aimée que l'on veut!

L'HOMME. — Allons, un soupirant vous siérait comme un deuxième nez.

GABRIELLE. — Vous avez raison. C'est une coquetterie d'adolescente... ou de septuagénaire.

L'HOMME. — J'ajoute que la doyenne des Turbide a un masque qui retient. Et puis, sa fragile contenance émeut... Dans un petit boudoir à l'étage, attenant à sa chambre, c'est là qu'elle reçoit. Des meubles sans ébénisterie. Elle s'allonge sur un canapé tendu de satin broché. – Tout est vert et cramoisi dans cette pièce... Y compris même les tableaux. Ce sont des huiles tracées à l'aiguille sur fond de soie. Des cygnes froissent l'eau des étangs, sous les saules pleureurs...

GABRIELLE. — (*Cinglante.*) Désolée; je n'ai pas ce genre d'accessoires. – Tout ce que j'ai pour vous repaître, c'est le festin de la jeunesse.

L'HOMME. — (*Avec intention.*) Quand on est jeune soi-même, on ne compte pour rien la jeunesse.

GABRIELLE. — Comme si elle allait de soi, je sais... C'est donc la science que vous recherchez? Chez cette vieille patricienne? – Elle est femme de sénateur m'avez-vous dit...

L'HOMME. — Une famille toute de magistrats. Protectrice des arts et des lettres...

GABRIELLE. — *(Souriant ironiquement.)* Cela aussi va de soi.

L'HOMME. — Mais le malheur a voulu que le plus jeune des fils refuse les carrières où s'engouffrent les Turbide mâles... pour se toquer, figurez-vous, de sculpture. Il est vrai qu'il ne ressemble en rien à ceux de son clan. Comme s'il était né par hasard au milieu d'eux.

GABRIELLE. — *(Toujours souriante.)* Peut-être n'êtes-vous pas le premier à parvenir jusqu'à la doyenne?

L'HOMME. — Mon Dieu... je ne me le figurais pas.

GABRIELLE. — *(À Réjane.)* Vous sentez-vous mieux à présent?

L'HOMME. — Vous vouliez voir M. l'abbé, suppliiez-vous? Vous avez devant vous le docteur. C'est pareil. Pensez à votre père.

GABRIELLE. — Le père, la masculinité primordiale.

L'HOMME. — *(Approbation ironique.)* Ah, ah.

GABRIELLE. — Je n'en fais pas une boutade.

L'HOMME. — *(À Réjane)* Ma chère petite, levez-vous. *(Il lui tend la main.)* Tête haute; allez!... Bon. Mieux déjà.

GABRIELLE. — Tirez la taille. Encore. Encore.

L'HOMME. — Au couvent, vous leur apprenez, dirait-on, à fléchir les épaules: petites poitrines décharnées... petits airs surets...

GABRIELLE. — Réjane! Entendez-vous? Redressez-vous, tudieu!

L'HOMME. — Laissez reposer les épaules là où elles le demandent lorsque vous ouvrez le torse. Imaginez la victoire de Samothrace. Ou bien que vous êtes la République conduisant le peuple aux barricades. Pensez généreux, pensez exalté. Respirez l'air du large. Respirez comme si vous preniez le monde avec volupté dans votre sein!

GABRIELLE. — Alors le soleil vous inonde; il se répand dans vos veines.

L'HOMME. — Les reins à présent.

GABRIELLE. — Oserais-je le dire: toute la femme est là. Des reins à la cheville.

L'HOMME. — Les rondeurs que vous pouvez avoir, Mademoiselle, doivent vous suffire. Ne cassez jamais la taille pour les faire sortir.

GABRIELLE. — Elle ne casse pas la taille. Elle est coussinée, c'est tout.

L'HOMME. — Vos hanches, Mademoiselle, *(Il se rend auprès d'elle et la «place».)* sont un lieu d'échange. Tous les courants y sont dérivés. Elles commandent l'appareil entier de vos grâces. Arrondies comme les varangues d'une frégate... elles se prolongent en des fuselages parfaits – ô jeunesse! Faites quelques pas, je vous prie... Damnation! mais pas comme ça! En souplesse!

GABRIELLE. — *(Avec reproche.)* Votre patience est vite lassée.

L'HOMME. — Cette fille est d'un tissu quelconque. Elle n'a pas ce qu'il faut. Elle...

GABRIELLE. — Cessez donc. Qu'est-ce que vous vous figuriez? Est-elle née sous les palmes d'une île? Non. Le naturel, il faut qu'elle le découvre. Faites-le-lui découvrir.

L'HOMME. — *(Il enserre la taille, par-dessus la chemise, moulant les hanches avec les mains et les faisant rouler.)* Les hanches, petite buse, qui sont le berceau de la vie, eh bien, elles sont fières les hanches! Elles sont souveraines! Ah! mais d'une majesté sans défaillance. Jamais elles ne restent prisonnières du trouble qu'elles soulèvent. Pour en être la cause, elles n'en demeurent pas moins innocentes. Elles naviguent et creusent la vague en se riant d'elle. Comprenez-vous? *(Il s'agenouille devant elle.)* Elles portent l'été avec ses orages. – Ah! savez-vous, Mademoiselle, leur odeur de plage découverte au soleil? *(Il se trouble.)* – Non. Elle ne comprend pas!

GABRIELLE. — Mais oui, vous avez compris, Réjane? Vos hanches vous hissent sur un pavois d'amour. On sait ces choses-là sans les avoir apprises! C'est elles qui, promettant l'abandon, distribuent au mouvement sa balance, lui confèrent cette aisance qu'on peut avoir.

L'HOMME. — C'est cela. Tout part d'une paresseuse connivence entre la nature et vous.

GABRIELLE. — Alors s'allument les yeux et l'esprit. Oui, Réjane! Quand la panthère, dans sa nonchalance, n'exprime qu'un accord sans réserve avec la nature, vous pouvez plus et mieux qui rêvez et faites rêver.

L'HOMME. — Pourquoi le grain délicat qui les revêt rend-il les chairs susceptibles au moindre signal? À l'ombre, à l'intention du frôlement? *(Il glisse ses mains sous la chemise.)* Blondes hanches, vous logez un pouvoir secret: un aimant qui tire à soi les volontés. Il se trouve précieusement enchâssé dans son ourlet, à l'affût, toutes antennes dressées.

GABRIELLE. — Ondes captées, aussitôt réémises... En entraver la libre circulation devient cause de morosité.

L'HOMME. — Quand vous saurez vous habiter, vous aurez d'abord permis le flux des énergies plutôt que de les former en embâcles.

(Réjane vacille.)

GABRIELLE. — *(Lui tendant la main.)* Ses mains sont de glace. – N'est-ce pas, soeur Réjane, que vous sentez au centre de vous la nature, le noyau magnétique?

L'HOMME. — Laissez-la rassembler son faisceau. Sonner dans un même accord les émois contraires qui l'étranglent... *(À soeur Gabrielle.)* Elle se couvre de chair de poule. – Réjane, le creux du rein est une défaillance. Comme il est chaud lorsqu'il consent. C'est à sa faveur, dirait-on, que d'amoureuses rondeurs y naissent. Elles ont la fluide perfection du dessin, juste ce qu'il faut de corps, juste ce qu'il faut de lustre et de rebondi pour étonner la lumière et engouffrer l'ombre, Mademoiselle. *(Sa voix s'altère, il porte une main à son sexe.)* Et cette ligne, entre elles, où viennent se résoudre la pesanteur des chairs et leur élan, ce pli où expirent les jambes, qui se refend encore pour donner lieu aux pétales de la fleur...

(Il s'arrête pour respirer et se ramasse sur lui même.)

GABRIELLE. — *(Lui mettant la main sur l'épaule.)* Monsieur! Reprenez-vous. La leçon n'est pas terminée.

L'HOMME. — *(Sourdement.)* Je n'en puis plus.

GABRIELLE. — Vous tenez, on dirait, à vous montrer discourtois. Quand je songe, avec moi..., tout ce qu'il faut pour vous émouvoir...

L'HOMME. — Madame, ce n'est pas la même chose. Les plaisirs que vous offrez sont plus délicats. Mais ceux du printemps, du dégel...

GABRIELLE. — Mais oui. Pour l'heure, cependant, ressaisissez-vous. Cette petite a beaucoup à apprendre. Il reste à parler des jambes. Que leur élancement serve en mélange de reposoir à la grâce et d'aiguillon au désir.

L'HOMME. — *(À bout de souffle.)* En mélange, qu'on ne s'y retrouve plus... *(Il s'assoit sur ses talons et se penche pour poser son front contre terre.)*

GABRIELLE. — Voyons, voyons... Cette jeune personne, je crois, montre plus de fermeté que vous. *(Elle serre la chemise autour du torse de soeur Réjane.)* Tiens! Son respir trahit pourtant le trouble. Elle palpite, la colombe.

L'HOMME. — Cela aussi est beau. Et m'émeut encore.

GABRIELLE. — Elle n'est pas prête cependant. Et vous non plus qui aimez prolonger.

L'HOMME. — C'est vrai: jusqu'au delà de la limite.

GABRIELLE. — *(Prenant la main de Réjane.)* Venez, mon enfant. *(Elle la conduit auprès du lit.)* Une novice a gardé ses cheveux. *(Elle lui enlève sa coiffe et les cheveux de la jeune fille se répandent.)* Faites-moi ondoyer cette crinière: que le jour y entre. Et la liberté. Voilà. Maintenant, asseyez-vous sur le lit. Je vais enlever cette housse jetée sur votre blancheur. Ah! nous allons donner à voir, je vous assure. – Venez donc, Monsieur.

> *(Nu chaste, comme le modèle des académies de peinture: c'est la jeune fille qu'on exprime ici. L'homme se lève, rejoint Gabrielle qui a pris deux pas de recul pour embrasser du regard la jeune personne.)*

L'HOMME. — Et vous entendez, sous la brûlure des sens, que je me garde impassible!

GABRIELLE. — Pendant que l'élan de toute la vitale jeunesse vous jette contre l'objet aimé, vous demeurez calme devant lui.

L'HOMME. —Jusqu'à quand?

GABRIELLE. — Cela dépend. D'elle. De vous. – Soeur Réjane. Regardez comme est fait monsieur. N'est-ce pas admirable que nous soyons si différentes? Vous avez vu? C'est miracle, je vous dis! Comment, de l'étroit fourreau, des flancs et du ventre maigres, comment est-il possible que jaillisse ce torse puissamment décuplé, ces jambes intrépides, ces cuisses longues? Velours et acier, chère enfant. Amour et guerre, jamais l'un sans l'autre... – Et le point médian ce cette belle armure, le foyer solaire, le point que semblent désigner les reliefs du bronze et les géométries du poil, le sexe, chère enfant, tendu dans l'attente de vous derrière le linge... vous le devinez? Non? Vous est-il si totalement inconnu? Le moyen de vous croire! Vous auriez passé aussi longtemps sans connaître l'empire qu'il exerce? Sans être arrachée de vous-même par le séisme qu'il commande? Ah! je vous assure: qui n'a pas subi la violence désespérante de l'amour n'est pas venue au monde!

RÉJANE. — Ma mère, j'ai peur...

GABRIELLE. — Un peu de vertige devant l'inconnu. C'est naturel.

RÉJANE. — L'amour, ce n'est pas ça.

GABRIELLE. — L'amour auquel vous avez prétendu renoncer. Mais il ne s'agit pas ce cet amour-là, mon enfant.

RÉJANE. — Laissez-moi partir.

GABRIELLE. — Vos renoncements d'ailleurs... si prématurés! C'est de l'amour des petites filles, Réjane, que vous vous êtes détournée. Vous saviez bien qu'il se brûlerait les ailes au contact de la vie. Vous l'avez enfermé avec vous précisément pour n'avoir pas à y renoncer.

RÉJANE. — J'allais vers un autre amour. Absolu, celui-là.

GABRIELLE. — L'amour *est* une expérience totale. – N'est-ce pas, Julien?

L'HOMME. — La faim que j'ai de vous est absolue. Quand vos sens paraissent se rassembler en une seule urgence, que votre âme ébahie n'est plus qu'attirance vers l'objet aimé, quand la beauté qui s'offre à votre vue vous ravit et vous est cause de plus de tourments encore que de plaisir, cette exigence-là, ne l'appelez-vous pas totale?

73

GABRIELLE. — Elle submerge, elle noie. Vous le savez déjà. Tendresse et violence, en un curieux breuvage pour aveugler la raison.

L'HOMME. — Une ivresse noire mais éclatante.

RÉJANE. — L'amour ne doit-il pas éclairer?

GABRIELLE. — Qu'en sauriez vous? Vous n'y avez pas consenti.

RÉJANE. — Le vôtre englue l'esprit dans la chair.

L'HOMME. — Non. Il fait passer l'esprit à travers la chair.

GABRIELLE. — L'amour est un funambule. Le fil qu'il emprunte jette un pont entre le limon et l'esprit.

RÉJANE. — La chaleur me gagne. Mes veines battent, mon sang afflue jusqu'à la tête. Mais l'instant d'après, la vie se retire de moi. Mes sens s'éteignent; les doigts, les genoux, le grain de la peau redeviennent indifférents.

GABRIELLE. — Vous voyez bien? C'est votre esprit qui s'échappe. Ramenez-le.

RÉJANE. — Je ne peux pas. (*Elle tire à elle la couverture.*) Je ne peux pas et son regard sur moi est insupportable. C'est celui du prédateur. Ce n'est pas le regard de l'amant.

GABRIELLE. — (*À l'homme.*) Je le regrette. C'est vous qui aviez raison. Rien n'est possible à si courte échéance. Je vous connais trop bien pour vous supposer du contentement à pareilles dispositions. (*Elle ouvre le paravent pour cacher le lit.*)

L'HOMME. — Je vous en veux terriblement. Vous avez si bien fait que me voilà fou de cette sainte nitouche. Je vais passer la nuit à m'accrocher dans mes draps.

GABRIELLE. — Elle est déconnectée, les facultés sont engourdies. Mais quand l'eau se met à peser à la roue, que le mouvement commence à tourner, est-ce qu'on ne sent pas la pulsation d'un sang bien riche?

L'HOMME. — Lorsqu'on s'est entiché, ces considérations n'ont rien à voir. C'est comme un compte qu'on a à régler avec soi-même.

GABRIELLE. — *(Avec insistance.)* J'en sais quelque chose.

ENTRACTE

DEUXIÈME PARTIE

(L'éclairage se fait sur le banc dont s'approchent Gabrielle et Réjane. Costumes du début. Réjane reste un moment debout sans parler.)

RÉJANE. — C'était... comme dans un rêve. Vous portiez le costume à guimpe des religieuses d'autrefois. Il... cet homme... il portait une pelisse...

GABRIELLE. — Cesse-t-on jamais d'affubler les autres des ornements qu'on fabrique.

RÉJANE. — Depuis l'enfance, je n'ai rien fait que d'attendre. Et tout à coup, les songes éclatent.

GABRIELLE. — Ils vont vous recoudre ensemble! Seriez-vous à demeure construite par sections avec une enfance, une vie de novice, un destin à venir? Vous avez bien tout à la fois des bras, une tête et des sens. Et non pas successivement. *(Elle la regarde.)* Du moins faut-il l'espérer.

RÉJANE. — Si je cherche, mon temps passe à courir après les pensées qui m'échappent.

GABRIELLE. — Vous n'avez rien fait que d'attendre, dites-vous. Appelez-vous cela ne rien faire? Et que pensez-vous que font les autres? Ceux qui brassent de l'air, ils attendent aussi. Seulement, ils ne savent pas pour la moitié quand ils veillent et quand ils rêvent.

RÉJANE. — La vie est un transit. Supposons. Le temps, dans la salle des pas perdus, le temps pèse. Même si on sait qu'il est bref.

GABRIELLE. — Le temps ne compte pas.

RÉJANE. — Puis-je vous montrer comment je comprends ce que vous dites?

GABRIELLE. — *(Souriant.)* Une confidence?

RÉJANE. — Un fait capital, en vérité. Dont j'aurais dû faire état...

GABRIELLE. — Jamais trop tard!

RÉJANE. — Eh bien, j'ai grandi dans un milieu très protégé. *(Gabrielle fait une mimique qui veut dire: je m'en doutais!)* C'est l'école qui m'a fait voir l'âge inusité de mes parents. À la maison, mon entourage se composait de têtes grises.

GABRIELLE. — La serre chaude.

RÉJANE. — Une tante, plus jeune, passait nous voir... Je me sentais curieusement portée vers elle. Elle avait un fils à peine mon cadet. Autour de nos dix-sept ans, ce cousin m'a surprise. «Tu ne trouves pas que nous nous ressemblons?» Je le détaillais, je nous comparais. Un regard aigu me parvint. Celui de ma tante-la-jeune. – Je voudrais fumer.

GABRIELLE. — Ici? Sous les fenêtres du couvent?

RÉJANE. — Donnez-moi une cigarette. *(Elle fume.)* Pendant les jours qui suivirent, je n'ai plus cessé de penser à la réflexion de mon cousin. Tiens. J'ai oublié son nom.

GABRIELLE. — N'importe.

RÉJANE. — Je lui ai téléphoné. Il est venu, à reculons, dois-je dire... Quand il est parti, je venais de saisir que le temps vécu n'avait pas existé.

GABRIELLE. — Un échange fructueux, alors.

RÉJANE. — Je ne l'aurais jamais cru, l'instinct se fourvoie.

GABRIELLE. — Plutôt rare, ça.

RÉJANE. — Si je vous dis! Ma connaissance du monde était un échafaudage dont il suffisait de tirer la clé pour le faire lamentablement choir. Tous les points d'appui m'étaient supprimés, je tombais dans l'inconsistance. Comprenez-vous: la révélation m'était faite qu'un vide se creusait sous toutes les relations, qu'on s'avançait au-dessus de l'abîme sur des branches et des feuilles. La vie, en bref, recelait un piège, dont la découverte, en nous guérissant de l'illusion, achèverait à tout coup de nous réduire, de peu que nous étions, au rien, à l'apparence. Peut-être n'étais-je qu'un rêve.

GABRIELLE. — Peut-être.

RÉJANE. — *(Se levant.)* Cessez ce jeu. Vous ne savez même pas de quoi je parle.

GABRIELLE. — Mais oui, je sais. Vous aviez un bandeau, on vous l'a arraché. Pour qui a l'habitude de l'obscurité, c'est un tourment à la limite du supportable. – Me direz-vous que vous auriez préféré l'illusion?

(Réjane a un petit rire pour accompagner son hausse-ment d'épaules. Et puis elle soupire. Comme Gabrielle va reprendre, elle l'interrompt.)

RÉJANE. — Si la vérité aveugle, où est l'intérêt?

GABRIELLE. — Nous gravissons à ce prix les marches.

RÉJANE. — J'ai eu l'impression, moi, de les descendre une à une. De m'enfoncer.

GABRIELLE. — Pourquoi pas? Vous enseignez le latin: dans cette langue – pré-chrétienne – le même mot sert à désigner ce qui est haut et ce qui est profond.

RÉJANE. — *Altus.*

GABRIELLE. — Oui. Une haute montagne: *mons altus.* Une mer profonde: *mare altum;* un esprit élevé, un sommeil profond... toujours le même mot. Mais finissez votre histoire. Quelle était cette révélation? Que vous a faite votre cousin.

RÉJANE. — «La ressemblance frappante entre nous, m'a-t-il dit, tient à ce que nous sommes les enfants de la même mère. La tante que tu chéris est notre mère à tous les deux, insistait-il. Comprends-tu?»

GABRIELLE. — Je l'admets: c'est une découverte qui met bien des rapports en cause.

RÉJANE. — Les pauvres vieux qui m'avaient entourée d'affection, des gens modestes, attachants, des personnes honorables s'il en fût jamais... je me suis prise à les haïr.

GABRIELLE. — Oui, pourquoi ont-ils dénaturé les faits?

RÉJANE. — Leur fille se trouvait enceinte d'un homme qu'elle ne voulait pas épouser.

GABRIELLE. — Pour quelle raison?

RÉJANE. — Il n'était pas libre. Elle aimait ailleurs.

GABRIELLE. — Ces choses-là embarrassaient plus qu'à présent.

RÉJANE. — Mes pauvres vieux m'ont suppliée avec des larmes de ne pas faire irruption dans les familles... J'aurais troublé la quiétude de six personnes, s'il fallait compter les enfants.

GABRIELLE. — Vous aviez tout de même reconnu une mère, un père.

RÉJANE. — Je leur en voulais de n'avoir pas eu le courage de se manifester. La réunion n'a pas été possible.

GABRIELLE. — Vous avez décidé de vous suicider.

RÉJANE. — Comment?

GABRIELLE. — Vous vous êtes emmurée vive. Comme à l'opéra. *(Elle rit.)* Vous êtes entrée au couvent.

RÉJANE. — Je suppose que je dois être drôle.

GABRIELLE. — Absolument. Devriez vous voir l'air: misérable.

RÉJANE. — Je me serais attendue à plus de compassion.

GABRIELLE. — Vous en êtes tellement pleine à votre propre endroit.

(Réjane se lève, prend son livre.)

GABRIELLE. — Vous partez? Ce n'est pas, vous, la fuite ou la récession des galaxies qui vous causent le sentiment de l'abandon: vous passez des journées, des semaines, des mois au bord des larmes rien qu'à penser à votre immense détresse.

RÉJANE. — Me l'avez-vous assez répété que je suis insignifiante.

GABRIELLE. — Pas encore assez pour vous persuader que les autres savent bien que vous êtes pétrie de la même boue qu'eux, et qu'ils s'en fichent. Vous avez résolu, dans votre caboche, que vous les détromperiez. Vous alliez leur montrer que vous êtes exquise. À mille lieues des appétits grossiers. Vous renonceriez à toucher à l'argent, à la chair, à tout ce que fait courir le commun. Vous seriez un pur lys qui pousse ses racines dans la fange. Et on verrait enfin votre vrai visage. Vos mobiles revanchards, vos appétits, vos bas calculs, tout serait transmuté en un doux et humble parfum.

RÉJANE. — C'est la dernière fois, je vous assure, que je fais appel à votre compréhension.

GABRIELLE. — Mais ce n'est pas la compréhension que vous cherchez.

RÉJANE. — La réserve, la froideur est comme un pied bot. Elle gauchit tous les mouvements.

GABRIELLE. — Une forme de chantage, comme souvent l'infirmité.

RÉJANE. — Les associations, dans l'organisation de la vie, sont complexes.

GABRIELLE. — Il existe une chose telle que le parasitisme, savez-vous?

RÉJANE. — Je suis née avec cette gêne. Je ne l'ai pas inventée pour m'en servir.

GABRIELLE. — La vie ne se conçoit pas sans affirmation.

RÉJANE. — Ne serait-ce que parce qu'elle aiguise votre clairvoyance, il faut que ma faiblesse soit autre chose que l'envers du courage.

GABRIELLE. — Voilà. Vous avez délégué le geste vital d'agression à l'autre.

RÉJANE. — La manière d'encaisser l'événement, celui par exemple que je viens de rappeler, si elle n'est pas directe, peut procéder d'une autre façon que de la dérobade.

GABRIELLE. — Tiens! Après tout, vous seriez pas qu'indignité! Vous viseriez à autre chose qu'à embaumer le dépotoir.

(Réjane rit.)

GABRIELLE. — Il faut trouver la forme de vaillance qui vous convient.

RÉJANE. — Nous aurions donc le choix des armes?

GABRIELLE. — Eh! le pot de terre est moins solide à l'encaisse que le pot de fer! *(Réjane sourit.)* Voyez-vous, la matière provoque la ruine de ce qui entre en contact avec elle. Mais pas de la lumière qui rejaillit.

RÉJANE. — Moins le contour est défini, moindre est le choc.

GABRIELLE. — Voilà. L'esprit, lui, plus volatile encore que la lumière, pénètre la masse sans briser sa course.

RÉJANE. — *(Toute réjouie.)* Ainsi se trouve-t-il une arme à notre portée à laquelle il faut s'exercer.

(Elle va partir.)

GABRIELLE. — Je ne vous ai pas dit le prochain rendez-vous.

(Réjane s'interrompt. Elle se retourne, bouche bée. Et puis elle sort.

Musique enlevée. L'éclairage prend des tons chauds. Gabrielle se lève, marche jusqu'au milieu de l'avant-scène et, pirouettant, tend la main dans la direction opposée à celle qu'a prise Réjane.)

GABRIELLE. — *(Gaiement.)* Venez.

(Entre le personnage masculin des tableaux précédents, mais revêtu d'une soutane. À deux pas d'elle, il s'arrête et salue galamment Gabrielle qui lui ouvre les bras. Ils dansent, serrés l'un contre l'autre.)

GABRIELLE. — Une soutane! Si c'est drôle. Les jésuites reviennent-ils à la soutane?

L'HOMME. — Les couvents, ma chère, sont les remparts de la tradition.

GABRIELLE. — C'est bien vrai. Nous autres ne l'avons laissé, l'habit, qu'à notre corps défendant, convaincues par ce fameux concile qui a tout chambardé.

L'HOMME. — Tout chambardé? Rien que de très superficiel quand on y pense. Les prêtres demandaient à se marier, comme chez les protestants, les couples à divorcer, les femmes à avorter... aucune concession n'a été faite.

GABRIELLE. — Savez-vous pourquoi?... Parce que certaines libertés se prennent à l'encontre de l'autorité. Me direz-vous que les prêtres ont attendu après les conciles pour prendre des maîtresses? Aujourd'hui, les jésuites américains dansent dans les réunions mondaines. Demain, ils y présenteront leur épouse devant Dieu et devant la loi.

L'HOMME. — Alors, le prochain concile n'aura plus qu'à ratifier...

GABRIELLE. — Pas nécessairement. Rome peut excommunier, frapper d'interdit. (*Elle pose la tête contre son épaule, amoureusement. Un temps.*) J'ai lu hier que dans les couvents de Lima, à l'époque coloniale, les moeurs étaient fort réjouies. Les récollets venaient danser, à la Nativité, chez les filles de Sainte-Thérèse. Dans les cercles, cette nuit-là, on jouait à «pêcher la fraise».

L'HOMME. — Pêcher la fraise?

GABRIELLE. — On se passait, de main à main, un bol plein de rhum sur lequel flottait une fraise. Il s'agissait de cueillir la fraise avec les lèvres... Il fallait souvent remplir le bol.

L'HOMME. — Pour vous relancer. Une anecdote encore plus ancienne. En Orient, le musc, pilé dans de la coriandre, rendait les ecclésiastiques si sensuels que saint Jérôme, en réformant les ordres, dut en proscrire l'usage.

GABRIELLE. — Ah! certaines époques, mieux que la nôtre, ont chéri l'amour! *(Un temps.)* Quand me baiserez-vous?

L'HOMME. — Madame, quand vous voudrez.

GABRIELLE. — Savez-vous que vous êtes mon seul amant?

L'HOMME. — Sincèrement, j'en ai du regret pour vous.

GABRIELLE. — C'est une tristesse en effet. – Je m'empresse de dire que je loue tous les jours le ciel de vous avoir dans ma vie. Habile et bien fait comme vous êtes... Au fond, je n'en mérite pas tant. Mais, peut-être le savez-vous, entre le mérite et le penchant...

L'HOMME. — Vous étiez faite pour étonner dix amants à la fois.

GABRIELLE. — Le malheur veut que le couvent soit un lieu impropice, contrairement à ce que j'aurais cru.

L'HOMME. — Le couvent pique la curiosité: il agace, il attire.

GABRIELLE. — Attire? Non pas. Les hommes regardent avec des yeux tout ronds. Mais c'est le plus qu'ils risquent.

L'HOMME. — Tiens?

GABRIELLE. — Ne faites pas l'étonné. Ces sociétés de vierges irritent le mâle. Il flaire le miel de la ruche et les délices faciles. Mais il a une peur bleue aussi de la dévoration nuptiale... – Vous qui êtes faux-bourdon, n'avez-vous pas peur?

L'HOMME. — Ce serait encore un moindre sujet d'alarme.

GABRIELLE. — En effet. Le faux-bourdon est géniteur d'une innombrable descendance dans la ruche. Une vocation.

L'HOMME. — *(Riant.)* À Dieu ne plaise! Je n'ai pas la fibre paternelle.

(Ils dansent encore, enlacés.)

GABRIELLE. — Savez-vous mon plus grand regret?

L'HOMME. — Quoi, un autre?

GABRIELLE. — *(Riant.)* C'est le seul en vérité. – Je regrette d'avoir couché avec vous. J'aimerais que, nous connaissant de longue date vous et moi, nous nous appréciions d'estime mutuelle, mais qu'entre nous tout soit désir irréalisé.

L'HOMME. — Enfin pourquoi?

GABRIELLE. — Mon Dieu! Parce que rien n'est plus émouvant que cela. Je veux dire le moment où de vieux amis s'apprêtent à franchir l'ultime barrière de l'intimité.

L'HOMME. — Vous avez raison. La seule pensée m'en trouble. Ce qui excite, c'est d'enfreindre un pacte entre les personnes, une convention tacite qui imposait cette limite.

GABRIELLE. — Il y a de ça. Mais plus encore, qu'en dites-vous, la crainte de voir basculer un univers d'ordre dans la compromission; d'induire une relation civile et raisonnable à l'anarchie.

L'HOMME. — Oui. Le recul instinctif devant la perte de son intégrité, en somme. Cette sorte de contenance que nous promenons n'est-elle pas la chose au monde à quoi nous tenions le plus?

GABRIELLE. — Cela est certain. Et l'animalité qui fait irruption dans notre contenance menace de l'effriter.

L'HOMME. — Voyez-vous, je croyais jusqu'ici aux rencontres fortuites comme aux événements «bousculants» de la vie des sens.

GABRIELLE. — Bien sûr. Rien n'est plus déchirant que cela. Rien n'est plus pathétique.

L'HOMME. — Déchirant? Pathétique?

GABRIELLE. — L'union née du hasard, faite pour durer une nuit. Ces personnages d'ombre, qui sont mystère l'un pour l'autre et qui, ne sachant rien sur leur vis-à-vis, acceptent de n'être que la mécanique du rapport amoureux.

L'HOMME. — La mécanique!... Comme vous y allez!

GABRIELLE. — Ne croyez pas que je dédaigne rien. Ces rencontres, réduites à l'essentielle tension entre les sexes, sont comme le rappel d'un fait primordial. La reconnaissance, à l'état nu, de l'amour. C'est-à-dire, de la jubilation dans le sexe de l'autre. Elles sont un hommage pur à l'amour. – Les vrais amoureux, d'ailleurs, pratiquent cette méthode. S'éloignent-ils un instant l'un de l'autre, ils recherchent l'aventure la plus passagère. Et dans l'union d'un moment, ils rendent hommage à l'éternelle attirance entre les amants.

L'HOMME. — Ainsi, en la trompant, l'amant prouve à sa maîtresse à quel point il l'aime?

GABRIELLE. — Parfaitement. Il lui dit à quel point il aime la femme en elle. Et qu'au delà s'ajoute tout ce qui fait qu'ils se plaisent dans la compagnie l'un de l'autre. Peut-on dire plus? Et peut-on dire mieux?

L'HOMME. — Je croyais que le vertige de l'inconnu allumait cette soif. Ouvrir ses bras à une personne qu'on ne connaissait pas une heure auparavant...

GABRIELLE. — Eh bien! ne le croyez plus. C'est le contraire qui est vrai. Ouvrir ses bras à la personne qu'on côtoie depuis dix ans, voilà où épuiser les curiosités du menu. Hélas, le risque que pareille compromission fait courir justifie le plus souvent qu'on se garde d'agir... N'est-ce pas?

(Le rideau, pendant qu'ils dansent, s'ouvre derrière eux.)

L'HOMME. — Je suis forcé de vous donner raison. Et cette perspective, vous me la faites, faut-il le dire, si présente, que me voilà tout ravivé.

(Ils entrent dans la chambre. L'homme veut attirer Gabrielle vers le lit. La musique s'arrête.)

GABRIELLE. — Mais non, mon ami, mais non! C'est impossible. Voilà tant d'années que nous sommes amants.

L'HOMME. — Cela ne compterait que dans la mesure où nous aurions chaque fois jeté les mêmes personnages au lit.

GABRIELLE. — Ça serait tant pis pour nous: nous aurions bien mérité notre dégoût.

L'HOMME. — Certainement. Et voilà l'occasion d'inventer un curieux plaisir.

GABRIELLE. — Je vous crois pouvu de beaucoup d'esprit, mais ce serait comme un plaisir vécu par procuration.

L'HOMME. — Cela nous a suffi plus d'une fois.

GABRIELLE. — Et nous allons nous reconnaître sous bien d'autres masques. – Mais pour l'heure, je voudrais que, m'étant infidèle, vous m'exprimiez de façon parfaite votre essentielle constance. J'ai avec moi une jeune personne, que vous connaissez peut-être...

L'HOMME. — *(Après un court silence.)* Bon. Je le veux bien.

(Gabrielle soulève les couvertures. Réjane s'y trouve couchée. Lorsqu'elle se dresse, c'est pour reprendre la même attitude qu'à la fin de l'avant-dernier tableau: assise sur ses talons, cheveux dénoués.)

GABRIELLE. — Vous dormez toute nue, à présent? Sans même une croix entre les seins pour repousser le démon?

RÉJANE. — Dites-moi plutôt comment l'attirer! Je suis au point de sombrer dans mon délire.

GABRIELLE. — *(Attirant le personnage masculin.)* Le voici!

RÉJANE. — *(Se couvrant.)* Mon Dieu, je vous croyais seule!

GABRIELLE. — Menteuse.

L'HOMME. — Ah! mais je connais... C'est soeur Réjane, n'est-ce pas?

RÉJANE. — Je ne sais plus moi-même qui je suis.

GABRIELLE. — *(Bas.)* Soyez plus simple. On n'est pas à l'opéra, ici.

L'HOMME. — Comment être plus simple qu'à l'opéra? Le ténor entonne «Adieu, demeure chaste et pure...» et la salle ne croule pas sous les rires.

GABRIELLE. — Cette simplicité voudra donc que je reste?... J'aimerais bien regarder.

(L'homme se tourne vers Réjane pour lui donner le choix.)

RÉJANE. — Non. Partez.

(Soeur Gabrielle sourit et sort.)

RÉJANE. — Depuis que vous êtes venu prêcher chez nous le carême, mon père, je ne vis plus. Je suis dévorée par ma propre faim. Le désir que vous avez allumé en moi ne laisse aucun repos. J'erre, la journée durant, incapable de me fixer à quelque travail, à quelque pensée qui ne soit pas l'objet de ma préoccupation. *(Elle se lève, à un certain moment, la couverture drapée sur les épaules.)* Si on parle, cela m'irrite. Je tombe de lassitude dans les sièges, mais un lancinement m'oblige à reprendre le vagabondage. Parce que j'abomine tout ce qui me sollicite et qui n'appartient pas à ma hantise, je fuis dans le jardin et là, la solitude et l'abandon font plus cruellement encore ressurgir mon trouble. Le printemps me presse avec une désespérante ardeur, je ne vois autour...

L'HOMME. — Il y a une solution: faites du sport!

RÉJANE. — Je voudrais vous détester.

L'HOMME. — Je croyais que vous teniez à rester chaste. Le sport, c'est le dérivatif que recommandent leurs mentors aux jeunes Chinois de la République. Vous savez qu'on les dissuade de se marier avant vingt-cinq ans? Comme l'amour libre et le plaisir solitaire sont plus mal notés l'un que l'autre...

RÉJANE. — Je voudrais me donner à vous, mais je ne peux pas.

L'HOMME. — Désirez-vous que je vous prenne de force? *(Elle a un recul.)* Cela aurait pu. – Je n'y tiens pas, croyez-moi.

RÉJANE. — Parlez-moi de vous. Peut-être cela m'aidera-t-il.

L'HOMME. — Votre désir de moi s'évanouit donc sitôt que j'entre en votre présence?

RÉJANE. — Pas précisément. Il m'étrangle. Je crois devoir suffoquer si cela continue.

L'HOMME. — J'ai à vous dire que j'ai connu cette sensation. À l'âge inquiet où le sang pulse et tient en raideur nuit et jour. J'empesais mes draps; dans les transports en commun, je rougissais à l'idée de me lever... Eh bien! le collégien s'est trouvé sans ressources en situation. Les premières nuits ne sont pas toutes glorieuses.

RÉJANE. — Oh! je crois mon empêchement insurmontable.

L'HOMME. — *(Souriant.)* Nous ne l'avons pas cru.

RÉJANE. — Comprenez-vous, j'ai grandi dans un entourage d'où la chair était absente. Ma mère – enfin celle que je tenais pour telle – et aussi mon père présumé, si une quelconque allusion était faite au monde des sens, ils l'ignoraient. Enfant, une voisine m'avait ramenée à eux en chuchotant que des choses inqualifiables s'étaient produites entre les empilements de planches d'une cour de sciage... Une fois la porte refermée, mes vieux ont tout simplement changé de sujet. Qu'en dites-vous?

L'HOMME. — Et les choses inqualifiables?

RÉJANE. — Je m'en désole encore, je n'y étais pas mêlée. La cause de la sainte indignation avait pris ses jambes à son cou. Et la justicière, en me pinçant le bras, m'avait cueillie, moi qui, par hasard, flânais dans les parages.

L'HOMME. — Vous voulez dire que le péché originel n'était pas passé par chez vous.

RÉJANE. — Mais depuis il est venu, croyez-moi.

L'HOMME. — «*Felix culpa!*» La faute originelle, chez les prophètes, est source d'un immense bonheur. Elle a forcé la divinité à prendre chair. Adam a mis le divin dans notre proximité. Remarquez, il a fallu pour cela que nos premiers parents quittent le paradis.

RÉJANE. — Je vous entends: les voeux perpétuels empêchent de prendre le chemin qu'ils ont pris.

L'HOMME. — Oh! on n'a pas besoin des murs du cloître pour ça!

RÉJANE. — J'ai voulu me dérober à la sentence d'exil, c'est vrai... Mais supposez que j'aie différé d'apprendre jusqu'ici à me servir de mes jambes, vous ne me feriez pas courir à vous rien qu'en me tendant les bras.

L'HOMME. — Savez-vous que votre pensée ne me quitte plus? Je suis absolument toqué de vous, chère enfant.

RÉJANE. — De moi? Non. De l'idée que vous serez le premier.

L'HOMME. — Bien sûr, cela compte. D'être cause des premiers émois. D'ouvrir la barrière à la nuit. D'être celui aux doigts de qui on s'accroche en perdant pied. Bien que je ne sois pas pédagogue, comme vous, l'idée de prendre sa main à la novice et de lui faire traverser le fleuve en crue ne m'est pas indifférente. Ce passage-là, c'est la traversée du Styx. La volupté, le savez-vous, a été comparée à la mort.

RÉJANE. — On parle parfois de «petite mort», pour décrire l'amour.

L'HOMME. — La rencontre amoureuse tend à soulager la fièvre de vivre. Quand vous accepterez l'union, que vous vous confondrez au tumulte originel, vous aurez résolu, le temps d'un éclair, le tourment de vivre. Vous aurez connu la mort.

RÉJANE. — L'amour abattrait donc la flamme de vie?

L'HOMME. — Mais non. Il souffle sur elle pour qu'elle s'élève et palpite plus haut.

RÉJANE. — Cependant, elle se consume?

L'HOMME. — Oui. Mais d'abord elle désigne l'inconnu. De tout son élancement. Accepte-t-on, un instant, de fermer les yeux sur ce qui nous est immédiat, la mémoire resplendit.

RÉJANE. — Elle montre, en transparence, une plénitude oubliée?

L'HOMME. — En tout cas, comment mieux raviver le souvenir? Les êtres, jadis autonomes, selon la légende grecque, auraient été divisés en deux. Depuis, chacun cherche sa moitié.

RÉJANE. — L'union faite, une fois accomplie la fusion, pourquoi vouloir sans cesse la renouveler?

L'HOMME. — Ce qu'on tient pour advenu, curieusement, échappe. Comme le rêve, malgré la forte impression qu'il laisse. La vérité, de même, n'est souvent telle que le temps de la dire. Nous avons, pour notre heur ou malheur, une belle faculté d'oubli: elle dispose à renouveler la connaissance, à lui redécouvrir son actuelle efficacité.

RÉJANE. — Je suis religieuse et l'éphémère ne m'a jamais distraite. J'ai mis toutes mes ressources au service de découvertes que j'espérais proches. Mais je n'ai rien perçu et le vide que j'ai fait s'est comblé de mille futilités. Vous savez, à force de n'être jamais dérangé ni bousculé, on perd la notion de ce qui importe. On oublie que le silence est voulu, non pas pour lui-même, mais pour l'écoute de l'inouï.

L'HOMME. — La retraite est pleine d'embûches. – Venez. Mettez-vous là. *(Elle reprend la position du début sur le lit et il la dévoile.)* Oui. Admettons que le désir, quand il presse, a le geste brusque, le regard hardi et que vos sens se soient rétractés comme les membres de la cétoine à la première frayeur. Très bien. En sommes-nous toujours là?

RÉJANE. — Non. C'est une position qu'il ne garde pas longtemps, l'insecte. Il risque à nouveau pieds et pattes hors de la carapace. Mais l'ombre du mouvement le remet à l'abri.

L'HOMME. — Vous savez de quoi est faite la couleur blanche?

RÉJANE. — Du mélange dans l'oeil de toutes les nuances.

L'HOMME. — Voilà. Tel est l'acte d'amour: un brassage, un magma. Toutes les harmoniques y sonnent, et l'agressivité n'est pas la plus sourde.

RÉJANE. — Une personne que vous connaissez m'a dit que, fût-il bossu, l'amant tend la main au dieu qui l'habite.

L'HOMME. — L'extase amoureuse, c'est cela. Ce qui émane de l'incandescence est blanc, rappel fugitif de l'éternité.

RÉJANE. — (*Après un silence.*) Ne sauriez-vous pas être tendre et prévenant?

L'HOMME. — Je vois. Vous attendez que j'apprivoise vos frayeurs en vous faisant cuisine de sentiments. L'amour, disiez-vous, n'est pas à confondre avec la volupté.

RÉJANE. — Voyez comme on change. Ce qui me gêne à présent est d'avoir désiré si fort vos caresses et de ne pouvoir m'y réchauffer.

L'HOMME. — D'abord, abandonnez de croire que le désir vous désigne et vous signale entre tous êtres vivants. Il n'est rien moins que commun, vous savez.

RÉJANE. — On me l'a expliqué. Et que le discours n'aurait fait qu'accroître mon sentiment d'exception. Je parlais d'absolu. Peut-être voulais-je confirmer que j'étais à moi même l'absolu en rêvant de me mirer dans un regard d'adorateur.

L'HOMME. — Cela est trop certain. Quand vous avez besoin, au contraire, de relativiser votre position, par rapport à... à la dérive des continents. – Quand ce ne serait que cela.

RÉJANE. — Que voulez-vous dire?

L'HOMME. — *(Il dénoue la ceinture de sa soutane.)* Une mise en perspective indispensable. Nous habitons une planète qui roule sur elle-même depuis la nuit des temps. Cette planète est projetée à travers des mondes. Vous appartenez, chère petite, à une espèce qui pullule...

RÉJANE. — L'espèce humaine?

L'HOMME. — Si vous voulez. Mais c'est une sous-catégorie. Nous sommes des mammifères.

RÉJANE. — Je ne suis rien. Est-ce à dire que rien n'importe?

L'HOMME. — Non. Mais c'est un chemin au bout duquel vous trouveriez la paix.

RÉJANE. — Vais-je vous demander, pour notre première rencontre, de baisser la lumière.

(Il lève les bras et les abaisse. Chute progressive d'éclairage.)

L'HOMME. — C'est autrefois ce que demandait l'étiquette au jeune marié. En aucun cas il ne devait se découvrir devant sa femme. Ni non plus exiger cela d'elle.

RÉJANE. — Pour la première fois...

L'HOMME. — Très bien, très bien. *(Il s'agenouille auprès d'elle sur le lit.)* Votre songe, ma petite, qui pèse sur vos journées, laissez-le ressurgir devant vous. Il n'offre rien d'épouvantable. Il est à l'extérieur de vous. C'est un tableau. Vous en êtes le peintre.

Vous en avez créé l'envoûtant désordre. Posez enfin les couleurs devant le chevalet pour contempler. Et puis avancez-vous... et entrez dans le tableau.

(Noir. Rideau. Entre Gabrielle. Elle porte une combinaison de mécanicien. Scène située une vingtaine d'années plus tôt. Elle traverse rapidement la scène, s'arrête, hésite, revient sur ses pas... hésite encore. Puis elle ouvre brusquement le rideau. Le couple que forment l'homme et Réjane se trouve toujours au lit, dans la pénombre. Gabrielle s'avance, commande la lumière d'un geste décidé. Réjane se dresse sur son séant, éblouie par la clarté et, reconnaissant le personnage, s'enfouit subitement sous les draps.)

RÉJANE. — Maman!

GABRIELLE. — Gabrielle!... *(Elle arrête son mouvement vers elle, reste au milieu de la scène, fait face au public, portant la main à sa bouche comme pour refouler un sanglot.)* Ma petite fille... *(Elle fait quelques pas en regardant dans la pièce. Essaie de se ressaisir.)* Comment as-tu été capable? *(Un temps. Elle s'assoit au bord du lit, cherche encore son souffle. Elle lui découvre le visage, mais la jeune fille se jette dans les bras de l'homme. La femme se relève.)* Gabrielle... Tu vois, je ne te fais pas de reproches... Je veux seulement te serrer contre moi. Avec Turbide, voilà quatorze jours qu'on ne vit plus. *(Silence. Elle s'assied sur une chaise, trouve un flacon dans une poche de son vêtement.)* En quatorze jours, crois-moi, on a le temps d'envisager... même le pire. *(Sur un autre ton.)* Ça, pourtant, jamais je ne l'aurais cru. *(Elle s'approche du lit.)* Mais tu es bien vivante.

RÉJANE. — Maman, je n'irai pas avec toi. C'est ici à présent que j'habite.

GABRIELLE. — Gabrielle...

RÉJANE. — *(Soudain violente.)* Va-t-en, je te dis, va-t-en!

> *(Sa mère la gifle et la jeune fille retourne se blottir au fond du lit. La mère se lève, gagne l'avant-scène, porte le flasque en argent ciselé à ses lèvres.)*

GABRIELLE. — Qu'est-ce que je t'ai fait? Pour que tu me veuilles tant de mal? D'abord, une fugue!... Puis comment, et où je te trouve? *(Elle s'approche du lit, repousse les couvertures.)* Non, mais vas-tu sortir de là? T'habiller...

RÉJANE. — Maman, fiche-nous la paix! Il ne t'aime plus à présent. C'est moi qu'il aime. Hein, Marc?

> *(Silence. La mère se redresse.)*

GABRIELLE. — *(À voix basse.)* Bien sûr. Je voyais tout ça se préparer.

L'HOMME. — Madeleine, c'est toi...

GABRIELLE. — Je ne veux pas t'entendre.

L'HOMME. — C'est toi qui m'as poussé dans les bras de ta fille, Madeleine. Avec tes éternels soupçons.

GABRIELLE. — Oui, tout vous rapproche. C'est ça que tu veux dire? *(Elle tire sa fille par le bras. Celle-ci quitte le lit, passe derrière le paravent pour s'habiller. La mère s'assoit au bord du lit.)* Mais je te connais, je t'ai tout appris. Tu ne vas pas me dire que la fraîcheur te suffit? Toi qui aimes qu'on t'adore?

L'HOMME. — Avec elle, je suis un autre.

(La femme sort à nouveau son flasque et boit.)

GABRIELLE. — Bien sûr... *(Elle lui prend la tête dans ses mains.)* Mais je rends les armes: j'ai besoin de toi. *(Elle se détourne.)* J'ai tort de te le dire. Et encore plus avec des larmes.

L'HOMME. — Madeleine, finissons-en.

GABRIELLE. — J'accepte les termes de la capitulation: d'être la seconde. *(Dans un murmure.)* Oui, puisqu'il le faut.

L'HOMME. — Madeleine...

GABRIELLE. — *(Contre sa poitrine.)* Me reviendrais-tu sinon?

(La jeune fille sort de derrière le paravent, s'approche. La mère et l'amant ne la voient pas.)

GABRIELLE. — Tu ne seras plus obligé de ruser pour la voir; ni de faire semblant de m'aimer...

(L'homme prend son visage dans ses mains et l'embrasse sur les yeux, sur les joues, sur la bouche. Puis il commence à dégrafer la combinaison. Bouleversée, la jeune fille sort.

Le texte de la lettre, sur bande magnétique, commence peu après la sortie de la jeune fille sur la scène mère-amant qui s'estompe. Réjane paraît bientôt, de l'autre côté, par l'avant-scène, prenant en fondu le relais de l'enregistrement. Elle porte la robe qu'on vient de lui voir.)

RÉJANE. — *(Lisant la lettre.)* Ma chère soeur Réjane et amie – je t'écris à toi plutôt qu'à vous toutes: ce qui vient de m'arriver m'a si fort émue que je ne saurais prendre la communauté à témoin de mon trouble. Je partais ce matin pour les cours et, un peu pressée, j'appelle l'ascenseur. Au bout d'un interminable moment, la cabine s'ouvre, débordante de meubles, et un déménageur me dit: «Prends l'autre, beauté. On le réserve pour la matinée celui-là.» Mais l'autre n'arrivait pas. Je me souvins que j'avais oublié mes lentilles sur le lavabo et retournai pour m'ôter les lunettes. Quand je revins, le tableau lumineux situait le seul ascenseur disponible au même endroit. Comme les déménageurs n'auraient pas bloqué les deux cabines en même temps, je me perdais en conjectures et résolus d'emprunter les marches... La portière coulissait comme je débouchais au palier voulu, et une femme sortit qui pressait le pas. J'entrai à mon tour dans la cabine et, pivotant vers les commandes, je me trouvai nez à nez avec un homme que je n'avais pu voir, car il se tenait du côté par où je m'étais avancée. Je notai, ma chère amie, qu'il régnait là-dedans une bien drôle d'odeur. J'oubliai néammoins l'incident et c'est à ma grande surprise le lendemain que, la portière s'ouvrant, je découvris, accoudé en face de moi, le même usager que la veille. L'appareil ne s'était pas plutôt remis en marche qu'une main brune et velue vint sous mes yeux, Réjane, presser le bouton pour stopper le mouvement. Ah! ma chère amie. Comment te décrire le trouble et le tumulte qui s'emparèrent de moi? Je n'osais me retourner et mes pensées...

(Entre Gabrielle, vêtue comme au début de la pièce.)

GABRIELLE. — *(S'asseyant sur le banc.)* Soeur Réjane! Vrai, nous voici bien en vacances. N'est-ce pas charmant de vous voir l'annoncer de cette façon?

RÉJANE. — *(Tournant avec avidité les feuillets.)* De cette façon... Quelle façon?

GABRIELLE. — Votre robe. Quelle surprise! Vous si régulière dans vos habitudes, si conforme à Vatican II.

RÉJANE. — Oh! mais, la règle le permet! Si c'est pour rester dans le couvent.

GABRIELLE. — Ou aux alentours.

RÉJANE. — *(Émergeant de sa lecture.)* Savez-vous quoi? Je portais cette robe le jour où je suis entrée. La mode revient, on dirait...

GABRIELLE. — Elle vous va à ravir. Et les vacances aussi. Vous voilà toute rose, avec l'oeil qui brille... *(Réjane se détourne vivement.)* Eh bien! Ai-je encore dit quelque chose? Savez-vous du reste, il faut que je retire certaines paroles... En civil, vous n'avez pas l'air soeur. Pas même de la cheville.

RÉJANE. — J'étais en train de lire une lettre de Claire Labrie.

GABRIELLE. — Mes aïeux! C'est un feuilleton!

RÉJANE. — Je regrette, mais je ne pourrai pas vous la lire: elle m'est adressée personnellement.

GABRIELLE. — Grand bien me fasse.

RÉJANE. — Savez-vous que celle-ci est plutôt lubrique?

GABRIELLE. — Ah?

RÉJANE. — Oui. Elle a lié connaissance dans son immeuble avec un agent de commerce de Bombay.

GABRIELLE. — En Inde?

RÉJANE. — D'abord, elle croyait avoir affaire à un Latino-Américain, mais...

GABRIELLE. — Les techniques n'étant pas les mêmes, elle a dû faire le *distinguo*.

RÉJANE. — Le plus curieux, c'est qu'ils ont l'habitude de se rencontrer dans l'ascenseur.

GABRIELLE. — Eh ben, c'est pas le Kāma sūtra. Les approches orientales demandent du temps.

RÉJANE. — Mais ils le bloquent!

GABRIELLE. — L'ascenseur. Ils vont se faire déloger. Ça va être gênant.

RÉJANE. — C'est déjà arrivé. Elle a trouvé ça... affolant.

GABRIELLE. — Qui aurait cru, hein, il y un mois, qu'elle se replierait des magasins dans les ascenseurs? – Rangez-moi cette lettre. Vous seriez tentée de faire des indiscrétions... Et venez vous asseoir ici. C'est à vous pour l'instant que je m'intéresse. Et non à cette corneille décolorée. – Comment cela s'est-il passé? Avec le prédicateur jésuite.

RÉJANE. — Oh! cela s'est bien passé.

GABRIELLE. — *(Après un temps.)* C'est un peu bref. – Avez-vous joui? *(Soeur Réjane se détourne brusquement vers elle.)* Mais qu'y-a-t-il? C'est un mot dont les soeurs usent beaucoup. On se moque de nous pour ça. *(Roulant pieusement les «r» comme une bonne soeur.)* «Oh! mère Supérieure! Nous avons toutes beaucoup joui du pique-nique hier au soir. Vous auriez dû être des nôtres.»

RÉJANE. — Eh bien! non.

GABRIELLE. — *(Idem.)* Vous n'avez pas joui de votre rencontre d'hier au soir?

RÉJANE. — *(Riant à la fin.)* Vous êtes folle. Cessez. *(Sérieuse.)* Ç'a été agréable, mais...

GABRIELLE. — Eh! Paris ne s'est pas bâti en un jour. Savez qu'il existe des gymnastiques pour ramener le sang dans les régions d'où il a fui?

RÉJANE. — Donc, lorsque vous êtes entrée au couvent, vous, vous aviez passablement d'expérience.

GABRIELLE. — À vingt ans...

RÉJANE. — Mais votre fugue...

GABRIELLE. — Bon, je vous ai raconté que j'avais joué un peu les garces. Et qu'avant que ma mère ne me reprenne son amant sous le nez... Mais en quatorze jours, chère Réjane, qui peut prétendre faire le tour du jardin?

RÉJANE. — On dit qu'une fois suffit.

GABRIELLE. — *(Un instant suffoquée.)* Elle est bien bonne!

RÉJANE. — Vous me parlez comme si tout se passait à fleur de peau. Vous avez dû ressentir la fin de cette aventure comme une trahison.

GABRIELLE. — Mon milieu, comme vous dites, ne croyait pas que de déguiser aux enfants l'âpreté du monde était formateur.

RÉJANE. — Tout de même. Je me mets à votre place...

GABRIELLE. — Vous savez, dans l'atelier Turbide, tout se passait au grand jour. D'abord, il n'y avait à proprement parler pas de cloisons: une seule grande pièce avec un coin pour manger, un coin pour dormir... et des matériaux partout. De la ferraille, des pinces, des trépieds, l'élévateur à air comprimé, l'odeur de la soudure, des pots d'acide pour oxyder le cuivre et le bronze... On se serait cru dans un garage, avec cette grande verrière que jamais personne n'avait désenfumée. Ou bien dans l'antre de Vulcain, pour revenir, même en vacances, à vos modèles gréco-latins, chère Réjane. Mon père était une espèce de géant au poil roux. Je le revois, torche à acétylène au poing, en train de tordre le métal, moitié nu, suant sous son tablier de forgeron. Il vivait entouré de beaucoup de gens, des artistes, des clients architectes, des femmes... qui entraient et sortaient de l'antre à toute heure du jour. Qu'il invitait à partager son repas s'il mangeait, à partager sa couche s'il dormait. Il aimait dire qu'il avait tout baisé, même les chèvres. Avec les gens qui avaient des manières, il fallait qu'il se montre grossier. Avec les rustres, il se hérissait, les brusquait dans leurs façons, les traitant de porcs et leur allongeant des coups de pied... S'il advenait que je séjourne chez lui plutôt que chez ma mère, je me revois, sorte de mauviette, tassée au bas bout de la table, assistant à des banquets d'ogre. Mon père buvait et jurait. Au lieu de protester «j'en mets ma main au feu», il disait «j'en mets ma queue sur la table.» Et il le faisait. Eh bien, c'est la gauloiserie ordinaire de mon père qui m'a longtemps éloignée de la pratique. Car – inutile de vous dire – j'avais eu des offres avant l'amant de ma mère.

RÉJANE. — La sensibilité d'une fillette est difficilement compatible avec ce genre d'ambiance. Vous avec dû souffrir beaucoup.

106

GABRIELLE. — *(Avec ironie.)* Énormément. – J'adorais ça.

RÉJANE. — Souffrir?

GABRIELLE. — Tiens! Au studio de ma mère, c'était un tout autre programme. Madeleine avait les gestes cauteleux et sourdement indiscrets des empoisonneuses. Elle devinait tout, prévenait tout. Vous le voyez, à l'inverse même de mon père qui était la franchise à l'état natif. Eh bien! je trouvais le tour d'être aussi malheureuse avec l'un qu'avec l'autre. Cela vous explique-t-il pourquoi j'ai choisi la passe étroite?...

RÉJANE. — Moi, j'ai tout de même songé au mariage, avant.

GABRIELLE. — La face cachée de l'amour.

RÉJANE. — *(Alertée.)* Que voulez-vous dire?

GABRIELLE. — L'aspect raboteux que nous connaissons à la lune – sans la brillance. Vous avez remarqué, sur leur pupitre, la gomme à effacer des enfants? Rognée, percée de points noirs, cousue de cicatrices... C'est le visage de l'amour échaudé par quelques années d'usage.

RÉJANE. — Mais vous disiez que la rencontre ne trouve son sens que dans le prolongement...

GABRIELLE. — Paraît qu'il existe un au-delà. Avez-vous la foi?

RÉJANE. — Oui.

GABRIELLE. — Alors l'image du couple qui s'est bien battu est celle de l'établi, dans l'atelier de mon père. Entaillé de coups, imprégné de sueur et d'huile, comme un cuir. Je passais des heures à l'admirer, j'en caressais l'usure, je flairais sa patine. C'était la plus belle pièce, la plus noble qu'aient abritée les lieux.

RÉJANE. — Et la passion? Qui naît hors du mariage et qui vient y mourir.

GABRIELLE. — Je ne la souhaite pas à mon pire ennemi.

RÉJANE. — Vous l'auriez donc connue?

GABRIELLE. — Oui. Quand je me croyais à l'abri.

RÉJANE. — Religieuse, alors?

GABRIELLE. — Je m'astreignais à la théologie. La communauté devait me confier la préparation des postulantes. Or mon patron de thèse refusait de me conduire à la soutenance. Pour ne pas perdre sa mise, la Supérieure dut me payer un correcteur. Aimable garçon, de dix ans mon cadet. Je passais des heures avec lui.

RÉJANE. — Au couvent?

GABRIELLE. — À la faculté d'abord. Bientôt chez lui. – Oh! mais vous aimeriez sans doute le rencontrer?

RÉJANE. — Non!

GABRIELLE. — Je ne pensais pas autant vous faire peur. Mais au fond, ce n'est plus d'éphèbes que vous avez besoin. Je veux vous amener à la conscience de votre triomphante jeunesse, car vous en mésestimez le don propre. Pour cela, je vous mettrai en présence – devinez qui? De nul autre que notre bonhomme Beaudry.

RÉJANE. — Le jardinier?

GABRIELLE. — Il quittera sa tondeuse pour vous.

RÉJANE. — Ce ne sera pas nécessaire.

GABRIELLE. — Il a l'air d'un vieux pinson, avec son toupet roux posé sur une couronne de cheveux gris. Il est doux, effacé... Vous vous sentirez pleine d'audace contre sa lassitude. Il vous poussera des griffes, peut-être!

RÉJANE. — *(Riant.)* Mais c'est de passion que je suis curieuse!

GABRIELLE. — Je ne vous dirai de la mienne qu'un mot: ce fut un beau tisonnage. Une chevelure de comète, haut dans la nuit. L'amant, à la fois tigre et cachalot: rugissant et gémissant, inondant ses morsures de salive. Et, vous en persuaderai-je jamais, l'incommensurable plaisir d'être totalement possédée... – Mais après le brasier, le désert.

RÉJANE. — Vous ne parlez jamais que de l'envoûtement des sens...

GABRIELLE. — Le reste est un autre chapitre. La vigile perpétuelle: transport, exaltation, alerte, désespoir; exigence et dépouillement. Là ce n'est plus la simple combustion, c'est l'enfer. – Le baptême du feu vous intéresse?

RÉJANE. — Faut-il s'y intéresser? Je pensais que le paquet vous tombait dessus.

GABRIELLE. — Vous avez raison. Quiconque est sain d'esprit ne ferait pas le choix délibéré de la mise à sac. C'est un coup du sort.

RÉJANE. — Comment croire en effet trouver du bonheur à être possédé?

GABRIELLE. — Chère enfant!... Au moins vous savez que la vraie liberté commence avec le renoncement. Une religieuse!

RÉJANE. — Mais la passion ravage…

GABRIELLE. — Oh! elle ravage... Qu'est-ce qui ne ravage pas? L'effet est concentré, c'est tout.

RÉJANE. — Laisse-t-elle les amants libres?

GABRIELLE. — *(Après une hésitation.)* En tout cas, elle réduit les choix. Quelque forme qu'elle prenne. Tenez, mon père avait, pour délayer le plâtre, pour fondre ses petites pièces... un garçon un peu arriéré, Gilles: noir comme un ours, sourcils et cheveux sur une seule ligne. Quand je repense à lui, c'est comme à la liberté inaliénable de qui consent à la servitude.

RÉJANE. — Un dévouement sans revendication.

GABRIELLE. — Qu'allez-vous croire?... Pour peindre Gilles, on peut songer aux domestiques d'autrefois, entrés jeunes au service d'une famille et qui finissent par confondre leur intérêt avec son bonheur. Mais ce n'est pas encore assez. Ceux-ci souffrent par empathie des afflictions de leurs maîtres, restent vulnérables à l'ingratitude. Or il faudrait plutôt songer à Gilles comme à une de ces bêtes qui savent le secret de s'attacher sans déchoir. Ces bêtes ne sont, dans un sens certainement, qu'amour et assiduité. – J'ai scrupule à poursuivre ce rapprochement parce que Gilles s'est occupé de moi lorsque ma mère s'est envolée... – Donc prenez l'une de ces bêtes, assez amoureuse du maître pour mourir de faim si celui-ci prolonge son absence, et faisons que le maître introduise dans la maison un congénère. Vous verrez la jalousie, la rancune s'installer chez l'animal familier. Il devient mauvais. Il se ferme, cherche la retraite, mesure les faveurs de l'autre, rumine avec amertume les bourrades que lui attirent ses grognements. Son coeur s'empoisonne... Voyez-vous, fît-il profession de lécher ses chaînes, l'amour demeure possessif. Concevez-vous la passion comme je fais? Un désir d'appropriation. «Quitte tout et suis-moi», tel est en substance le discours passionnel. Ou bien: «Dépouille jusqu'à ton identité.» Le dévouement à la vie à la mort est soit une conséquence, soit une variante: on n'a pas bientôt épuisé la rhétorique du coeur, elle est infinie... Mon père, aux Arts et métiers, a eu des élèves. L'un d'eux, après le diplôme, est venu travailler auprès de lui. Gilles a montré les crocs. Mon père l'a chassé. Gilles en est mort. Dans un refuge pour sans-abri, quelques années après.

RÉJANE. — Prolongeons votre figure: la vie est un creuset, la passion en est la fournaise. Y a-t-il moyen d'échapper au laminage?

GABRIELLE. — Oui. S'il vous pousse des ailes!

(Elle sort. Réjane s'assoit sur le banc. L'homme entre par l'autre côté.)

L'HOMME. — Gabrielle! Je te cherche depuis des heures. Je t'ai vue partir bouleversée.

RÉJANE. — J'étais de trop.

L'HOMME. — Ta mère est un monstre. À peine avais-tu tourné le dos...

RÉJANE. — Tu lui as fait ce pour quoi elle te paie et que tu fais si bien?

111

L'HOMME. — Pendant que nous étions réunis... elle s'est contractée tout d'un coup sur ma force. J'ai cru que j'allais me briser, que les veines allaient se rompre – elle a ri!

(Un temps. Il s'assoit sur le banc.)

RÉJANE. — Et maintenant... Tu lui es plus soumis encore?

L'HOMME. — Maintenant, à tout coup je me retrouve incapable.

(Réjane le regarde, caresse son visage.)

RÉJANE. — Quitte-la avant qu'elle le fasse.

L'HOMME. — Tu veux dire... que tu m'aimerais? Encore?

RÉJANE. — Tout comme. Jusqu'à ce que tu recouvres tes moyens... Alors je serai assez savante.

L'HOMME. — Savante pour quoi?

RÉJANE. — Pour changer de planète.

L'HOMME. — Non, dis-moi!

RÉJANE. — Je rentre au couvent!

L'HOMME. — *(Après un temps.)* T'es pas drôle.

(Elle s'assied, pose sa tête sur son sein.

Inversion d'éclairage. Le rideau s'ouvre. Gabrielle, debout, porte le costume traditionnel de l'ordre, celui qu'elle avait revêtu au cours de la première partie.

112

Réjane s'avance vers elle, sans changement de costume, s'arrête auprès d'une petite valise.)

GABRIELLE. — Vous êtes la nouvelle postulante? Réjane Mercier? Mon nom est Gabrielle. Je le dis en hésitant. Nous avons l'habitude de nous présenter sous notre nom en religion. Ces soeurs ragnagnan de la Visitation ou de la Sainte Trinité, c'est bien fini. Probable même que vous ne porterez jamais le costume. Tout change. Y compris la règle des couvents, c'est pas peu dire. – Cigarette? Mon Dieu, vous prenez l'air ahurie... – Comment est-ce dehors? Il paraît que la révolution sexuelle est passée par là... Savez-vous que nous avons des enseignantes laïques à présent? Elles prennent toutes la pilule, mariées ou pas. Vous verrez: Vatican II finira par nous ordonner de la prendre aussi. *(Elle fume.)* Je me demande – je vous regarde, là – je me demande ce qui a bien pu pousser une fille comme vous à venir au couvent. Vous n'êtes pas mal après tout. Vous seriez même belle si vous n'étiez pas si régulière. Cela vous donne un air angélique qui déplaît. Vous surirez vite au couvent. Visage en coin, avec la poulie qui grince à défaut de vous la faire huiler... La chasteté ne réussit pas à tout le monde! Elle met quelque chose de torve dans les façons. Mais, après tout, c'est la marque du remords et elle distingue les humains. La perfection échoit aux êtres qui n'ont pas commerce avec l'homme. Regardez les serpents, les lions. Et puis regardez comme dégénèrent les bêtes qui vivent dans le sillage de l'homme, infidèles à leur nature de bête. Savez-vous la trahison que vous êtes en train de commettre?

RÉJANE. — La trahison?

GABRIELLE. — L'infidélité totale à votre nature de bête. Mais j'aime autant, tenez. Vous vous êtes dit: pas de demi-mesure. C'est bien, ça. – Il y a une autre postulante qui est entrée il y a trois jours. Deux la même semaine, c'est mémorable. Elle s'appelle Claire Labrie. Vous la connaissez peut-être?

RÉJANE. — Non.

GABRIELLE. — Une noiraude. Plus névrosée que vous encore. Asseyez-vous. J'aime particulièrement cet endroit du jardin parce qu'on y a vue sur le cimetière. Et quand je vous ai près de moi, nacrée comme une perle, je peux mettre dans la même perspective la pulpe et l'os. – Ainsi vous avez résolu, par dépit, de prendre vos jolies petites fesses, vos jolis petits seins et de mettre tout ça sous les verrous pour bien faire chier tout le monde? *(Réjane se lève.)* Asseyez-vous donc. Restez simple. *(Réjane se rassied.)* Tout passe. À votre âge on ne le croit pas, mais vient un moment dans la vie où plus rien n'a le même goût. Quelle mélancolie! Et les événements passés, à venir... tous arrachés à l'ordonnance que vous leur ménagiez. Impitoyablement soumis au relatif. *(Elle la regarde pendant un moment.)* Au nom de quoi avez-vous résolu de sacrifier la flambée de jeunesse?

RÉJANE. — J'ai renoncé justument au relatif. Pour l'absolu.

GABRIELLE. — Vous avez renoncé! Si je savais encore rire!... Vous avec renoncé! Eh bien! ça ne se voit pas, ma petite mère.

RÉJANE. — Que voulez-vous dire?

GABRIELLE. — Pour avoir renoncé, faudrait que vous ayez possédé. Vous auriez pas cet air-là.

RÉJANE. — Très bien. Appelez donc ça refus du compromis.

GABRIELLE. — *(Après un geste de stupéfaction.)* C'est l'essence même du rapport humain.

RÉJANE. — Voilà. J'ai voulu m'y soustraire.

GABRIELLE. — Bon... Pourquoi pas? La beauté se dispense du regard. Qui veut croire qu'elle attende après la conscience humaine pour éclore? La nature la fait surgir en des lieux secrets aussi bien que dans les jardins. Des fleurs absolument sublimes s'ouvrent sur des corniches inaccessibles.

RÉJANE. — Mais vous allez me dire qu'elles sont logiques avec leur propre définition.

GABRIELLE. — Les fleurs sont des sexes.

RÉJANE. — Et elles trouvent sur place à s'accomplir en tant que tels! Hormis que moi...

GABRIELLE. — Vous êtes une humaine. Donc, une déviante. C'est pourquoi, bien qu'assez jolie, vous êtes sans véritable grâce. La noblesse, l'humaine nature peut l'envier à nombre d'animaux. À tous ceux, en fait, qui sont accordés à une existence brutale.

RÉJANE. — Consolons-nous à l'idée que le grand singe, lorsqu'il tournait le dos à la bête, commençait la mutation en croyant se perfectionner.

(Réjane se lève, reprend sa valise, avance dans la direction que lui indique Gabrielle, celle du couvent.)

(Chute d'éclairage. Dans un rond de lumière se tient l'homme.)

L'HOMME. — Le substitut, dans l'usage qu'en fait la thérapie, n'est à confondre avec personne d'autre. Le rôle qu'il tient, au premier abord, s'apparente à la prostitution. En effet, cet auxiliaire médical reçoit de l'argent pour se prêter aux fantasmes du patient. Son concours actif est recherché à titre professionnel. Mais là s'arrête la comparaison. Partenaire sexuel de remplacement, son travail consiste à traiter les affections d'ordre psychique qui ont une incidence sur la sexualité. Avec l'analyste – car tous deux sont collègues – le substitut oeuvre à faire éclore les situations libératrices dont dépend la guérison du patient. Le but visé à l'institut n'est rien moins que le recouvrement des dons du consultant. La cure, généralement brève, n'est jugée réussie que si elle parvient à réintégrer le sujet dans la plénitude de ses moyens. Nous observons, chez nous, un haut indice de succès. La méthode employée, si les milieux médicaux la tiennent pour suspecte, ne manque pas autrement de soulever un intérêt considérable. Elle consiste en un jeu apparenté au théâtre. Mais contrairement aux techniques approchantes, exclusivement réservées au patient, le jeu, ici, requiert la totale adhésion du personnel traitant en plus d'un investissement physique sans réserve de la part du substitut. Des actions, qui sont autant d'étapes dans la cure, sont constituées à partir du matériel livré en entrevue par le patient. Dans la majorité des cas, le traitement se poursuit avec la réinsertion du sujet dans la vie active. La réalité amène en quelques jours le patient à renoncer de lui-même au substitut.

(Modification d'éclairage. Réjane fait face à Gabrielle de l'autre côté du banc. Elle a sa valise à la main.)

GABRIELLE. — Donc vous partez, Réjane?

RÉJANE. — Je retourne dans le monde. Je vous suis redevable de beaucoup.

GABRIELLE. — Je ne vous ai pas dit tout ce que je sais.

RÉJANE. — Vous ne m'avez pas parlé de l'amour. De celui qui engage tout l'être.

GABRIELLE. — J'ai voulu que vous vous leviez, que vous fassiez vos premiers pas. Cela peut se transmettre. Mais la générosité du coeur ne s'apprend pas.

RÉJANE. — Elle est innée?

GABRIELLE. — Oh non! Mais je vous crois capable à présent d'aimer. Il faut pour cela être perméable, fissurée. – Tenez, soyez désormais fidèle à votre nature de déviante. Quittez la pose angélique. Compromettez-vous.

RÉJANE. — Et vous, si je peux me permettre, quittez votre intransigeance. Elle est inhumaine.

GABRIELLE. — J'ai cherché le ton brusque: choquer la porcelaine et voir paraître dans le fini lisse la brèche, enfin, la petite imperfection.

RÉJANE. — Et moi qui croyais en être remplie!

GABRIELLE. — D'imperfections? Assurément. Mais vous faisiez mine de ne pas le savoir.

(L'homme entre, s'avance d'un pas et demeure éloigné.)

L'HOMME. — *(Haut.)* Soeur Gabrielle, bonjour!

GABRIELLE. — Le représentant syndical? Qu'est-ce qu'il fabrique ici? Avez-vous formé un grief contre moi?

RÉJANE. — Il est venu me chercher. Je m'en vais vivre avec lui.

GABRIELLE. — Par exemple!

L'HOMME. — *(S'avançant.)* Ben! Soeur Gabrielle Turbide en costume d'autrefois. Militez-vous pour la messe en latin?

GABRIELLE. — Regardez-moi cette belle assurance. Ah! notre institution secondaire, en recrutant des hommes, a bien relevé son niveau. La voilà capable de soutenir la compétition avec ses rivales grâce à cette masculinité transcendante.

L'HOMME. — Et puis finie la rigolade: vous êtes désormais aux prises avec le syndicat.

GABRIELLE. — *(Mi-figue, mi-raisin.)* Mais je vous le demande, Monsieur, quand est-ce que les choses vont changer pour vrai?

RÉJANE. — Je lui ai dit que vous étiez ma vraie mère. Il est venu demander ma main.

GABRIELLE. — Je vous bénis, mes enfants. Partez le coeur léger.

RÉJANE. — On se reverra.

GABRIELLE. — Vous gardez votre poste?

RÉJANE. — *(Riant.)* Je suis protégée! *(Elle regarde le représentant.)*

GABRIELLE. — La balance des forces. La stabilité... et le piétinement.

L'HOMME. — Propos antisyndicalistes?

RÉJANE. — Mais non. Soeur Turbide se ronge les sangs de voir l'humain reprendre génération après génération les mêmes sentiers, l'individu parcourir chaque jour les mêmes tours de piste.

L'HOMME. — *(Riant.)* Les cycles. S'il n'en tenait qu'à elle, elle aurait vite fait de court-circuiter tout ça. Esprit totalitaire que le sien. Je le sais pour avoir négocié une convention collective avec elle.

RÉJANE. — Hélas! elle est comme l'esprit de vin: décapante et volatile. Gageons qu'elle commence son assomption.

L'HOMME. — Je l'imagine assez, tiens, sur un chariot mystique. – C'est ce que je vous souhaite.

GABRIELLE. — Vous y monterez bien avant moi: le lit des amants est un char de feu. Partez tous les deux. On s'embarque pour Cythère comme pour une destination. Et c'est une étape.

RÉJANE. — Qu'est-ce que l'amour?

GABRIELLE. — L'amour?... Une illusion constructive. – Allez, adieu!

(Noir sur la sortie des personnages.)

RIDEAU

Québec, le 28 mai 1988

TABLE DES MATIÈRES

Achevé d'imprimer
en l'an mil neuf cent quatre-vingt-huit
sur les presses des ateliers Lidec inc.,
Montréal, Québec